Emotionaler Leerstand im privaten Eigentum
Lena Johanna Hödl

ISBN 978-3-9504831-2-3

© ACHSE Verlag, Wien
2. Auflage, 2020

Korrektorat: Gloria Dimmel
Cover und Satz: Ralph Darabos
Projektmitarbeit: Rebecca Rockenschaub

Mit freundlicher Unterstützung des Literaturreferats der Stadt Wien, MA7.

Mit freundlicher Unterstützung von

➖ Bundeskanzleramt

Emotionaler Leerstand
im privaten Eigentum

Lena Johanna Hödl

ACHSE

Inhaltsverzeichnis

Prolog

Sanierungsbedürftiges Kellerapartment, schwerer
Schimmelbefall, diverse Kakerlakennester

Ich sitze auf einem pickigen Plastikstuhl in einer langen Reihe von anderen pickigen Plastikstühlen, alle leer. Der Boden ist ein hellgraublau meliertes Meer aus Linoleum, die Wand hinter mir blassgelb. Es riecht nach Männern, die heimlich auf der Personaltoilette rauchen, und nach Frauen mit langen Gelnägeln und schroffem Ton hinter würfelförmigen, schmutzig weißen Computermonitoren. Ich sitze mit gesenktem Kopf, die Finger ineinander verschränkt, erschöpft vom vielen Hoffen und Beten, allein unter flimmerndem Neonlicht, in ängstlicher Erwartung der Dinge, die da kommen werden. Denn es geschehen ständig unvorhersehbare Dinge, wenn man nicht nein sagen kann.

Die Tür mir gegenüber öffnet sich von selbst, nur einen Spalt breit, und ich weiß, dass ich hineingehen soll. Also stehe ich auf, atme kurz durch und trete ein. Es ist ein kleiner Raum, die Gardinen sind halb zugezogen, und trotzdem scheint ein wenig Licht herein. In der Ecke ein Flipchart, auf dem gerade noch jemand irgendetwas notiert hat, Tische mit hellbrauner Holzimitatoberfläche wurden an die Wand geschoben, auf einem stehen ein paar gläserne Schalen mit einem Bündel sich an der Grenze zum Verderben befindender kernloser Weintrauben und einer staubigen Gebäckmischung aus dem Discounter.

Die Kekse mit Schokoladenüberzug sind alle schon weg. Der Raum ist mit Menschen gefüllt, die mir alle bekannt sind, aber ich verstehe nicht, was sie hier gemeinsam machen, woher sie einander kennen, was das soll. Einige stehen, einige haben sich auf die Tische gesetzt und sich offensichtlich bis gerade eben miteinander unterhalten. Nun aber sind sie verstummt und betrachten mich mit einer Mischung aus aufmerksamer Konzentration, Mitleid und einem kühlen Ausdruck, den ich nicht zuordnen kann. Jemand tritt vor, irgendjemand. Ich weiß nicht, wer. Als die Person einen bedeutungsvollen Schritt auf mich zumacht, werden die anderen unruhig. Ihre Angesichter, die bis eben entspannt und leicht amüsiert wirkten, sehen jetzt gequält aus, wie Schlachterlehrlinge an ihrem ersten Tag, die es nicht über sich bringen können. Wer auch immer es ist, die Person kommt also auf mich zu und sagt die folgenden Worte:

– Hallo Lena, schön, dass du gekommen bist. Wir haben dich hierher gebeten, weil wir dir alle zusammen eines sagen wollten, denn es ist uns wichtig, dass du die Wahrheit erfährst. Die Sache ist die: Du hast niemandem von uns jemals irgendetwas bedeutet.

Und das ist meine Hölle.

Papa

Flucht mit Kröte

Meine erste große Liebe habe ich schon immer gekannt. Sechs Jahre zuvor haben mich meine Eltern als eine Art medizinisches Wunder, ein absolutes Wunschkind und Beweis für die Existenz göttlicher Gnade, im Alter von zweiundvierzig Jahren gezeugt, lange, nachdem meine drei älteren Schwestern gekommen waren. Als ein letztes verzweifeltes Aufbegehren des Schöpfungsdranges.

Ich bewohne ein gelbes Haus, das in Kombination mit der schieren Größe des dazugehörigen Grundstücks bereits an der Definition des Wortes „Anwesen" kratzt, mit einem einhundertsiebenundfünzig Zentimeter tiefen Swimming Pool, an dessen morscher Holzeinfassung ich mir innerhalb von achtzehn Jahren mehr Splitter einziehe, als ich an meinen schon vernarbten Fingern zählen kann. Meine größte Freude sind Disney-Filme auf dem Sofa mit meinem Vater. Er schläft jedes Mal schon bei der Hälfte ein, und ich flüstere selig strahlend ins dunkle Wohnzimmer:

– Das Leben ist eine einzige Gemütlichkeit.

Ein Satz, den mein Vater die folgenden Jahrzehnte leidenschaftlich gerne zitiert.

Des Weiteren spiele ich mit der Wählscheibe unseres einst weißen, jetzt beigen Telefons und höre drei bis vier Mal pro Tag *Harry Potter und der Stein der Weisen* auf Kassette, solange, bis man mir endlich den zweiten Teil kauft. Als ich auch den fertig gehört habe, widme ich mich den Kassetten daneben: Sämtlichen bis dato von Josef Hader produzierten Programmen, die ich nicht verstehe, aber trotzdem lustig finde. Irgendwann kann ich sie auswendig und spreche im Kindergarten ganze Nummern nach, woraufhin meine Mutter von einer Pädagogin mit hochgradig alarmierter Miene zu einem persönlichen Gespräch gebeten wird. Ich hingegen beschließe aufgrund der überwältigenden Resonanz, Kabarettistin zu werden.

Wir besitzen eine Katze, für die sich nie jemand einen Namen ausgedacht hat und die deswegen Katze heißt, und außerdem einen Teich, aus dem meine dritte Schwester Froschlaich und Libellenlarven zu retten pflegt, sobald er zu kippen droht. (Damit sie die Larven nicht selbst anfassen muss, redet sie mir ein, es handle sich dabei um an unschuldiger Herzigkeit kaum zu übertreffende Geschöpfe. Ich bin ganz euphorisch und bekomme sogar ein Paar rosarote Gummihandschuhe, eine dünne Schicht, die meine Haut von den hilflos zappelnden Insekten trennt. Andere Kinder spielen mit Baby Borns, ich habe richtige Babys.) Wir verfügen nicht über eine, sondern über zwei Gartenhütten, die mein Vater unter Zuhilfenahme von sich selbst im Laufe eines Lebens voller Askese und durch körperliche Arbeit angehäufte Muskelmasse, mit seinen eigenen Händen erbaut und mit schwedischem Falunrot bestrichen hat. Eine davon hat ein eigenes Türmchen, mit einem selbst gebauten Setzkasten an der Wand für unsere Sammelfiguren aus Überraschungseiern.

Von der Terrasse aus wirft meine Mutter, mit vor Lachen schaukelnden Brüsten, Wassermelonenschalen und übrig gebliebene Eintöpfe in den unser Grundstück umgebenden Wald. Es ist ein dunkler Wald, der sich über das halbe Dorf erstreckt, mit wild durcheinanderwachsenden Gehölzen, ohne Recht und Ordnung, und ich mag ihn nicht. Nachts horche ich auf seine Tiere, meine, sie zu hören, wie sie sich an unseren Resten weiden, und fürchte mich, im Unterholz könnte etwas nur darauf lauern, auch mich zu verschlingen.

Meine Müll schmeißende Mutter hingegen empfindet keine Furcht, denn sie wird von allem Übel abgeschirmt, durch die sorgfältig montierte Manufactum-Jalousie meines Vaters. Seit meine Mutter meinen Vater kennt, war jede Sekunde ihres Lebens von Sicherheit geprägt. Mein Vater trägt beige Hosen, die man mittels weniger Handgriffe an diversen Reißverschlüssen zu Shorts verwandeln kann, die Hornhaut an seinen Füßen ist unnachgiebig und rissig, wie der Erdboden auf Fotos in Zeitungsartikeln über afrikanische Dürreperioden. Er ist in Marilyn Monroe verliebt, aber noch viel mehr in meine Mutter, und seine zwei Lebensinhalte sind seine Familie und Staubsaugen.

Meine Mutter liegt abends mit einem Textbuch in der einen und einem Aperol Spritz in der anderen Hand am Sofa und singt auf 3sat übertragene Opern mit, sodass man ihre Stimme bis in den zweiten Stock hinauf gellen hört. Ihre liebste ist *Tosca*.

Mein Vater legt bei Scrabble kaum noch als solche zu erkennende Wörter, fachsimpelt gerne über die Stile verschiedener Donald-Duck-Zeichner und dreht sowohl Fernseher als auch Stereoanlage bis zum Anschlag auf, weil er sich seine Schwerhörigkeit nicht eingestehen will. Er liest mir jeden Tag vor, bis ich einschlafe, und wenn er mich auf seinen Schultern trägt, nennt er das „Krötenwanderung".

Meine Mutter trägt wallende Kleider und von ihrem Mann zahlreich im Madeleine-Katalog bestellte bunte Jeans, spricht fließend Latein und Italienisch und hört mit mir im Auto die klassischen Sagen des Altertums auf CD. Alles, was meine Mutter tut, und alles, was sie ist, was sie umgibt und was sie erschafft, lebt. Die Sonne hat sich ihr tiefbraun und Falten werfend in sämtliche Hautschichten eingebrannt und wie eine Solarzelle speichert sie das Feuer und wirft es zurück. Aus ihr sprudelt die Kraft, als verfüge sie über zu viel davon und wolle dem Rest der Welt in altruistischer Absicht einen hohen Prozentsatz davon spenden. Wenn ich als kleines Mädchen meinen Plastikdrachen mit ungeschickten Bewegungen über bewölkte norditalienische Himmel lenke, steht meine Mutter daneben und kommentiert das Geschehen, mit viel zu lauter Stimme und so laut lachend, dass sich vereinzelt deutsche Nachsaisonskleinfamilien empört nach ihr umdrehen. Sie flirtet mit fast jeder Person, mit der sie spricht, ohne es zu merken. Sie küsst Menschen sofort auf die Wange, krallt ihre sorgfältig manikürten Hände in ihre Schultern und schüttelt ihre ergrauenden Locken. Als wäre sie in alles und jeden verliebt. Wenn ich auf den Rücksitz ihres nach Tic Tacs riechenden Toyotas klettere, meine Mutter sich, mit konzentriertem Blick in den Schminkspiegel, überschüssiges Rot von den Lippen tupft und die eine kaputte CD immer wieder an die Stelle hüpft, an der Michael Köhlmeier von Gaia erzählt, aus deren Schoß die Welt kroch, dann stelle ich mir vor, dass jene aussehen muss wie meine Mutter. Meine Mutter hätte genug in sich, um ganze Universen zu gebären.

Während die Welt manchmal Angst vor meiner Mutter zu haben scheint, hat mein Vater Angst vor der Welt. Es gibt so gut wie nichts da draußen, was ihn interessiert, denn er hat ja uns. Nur uns. Mein Vater liebt meine Mutter mit einer Begeisterung, die einem manchmal unheimlich werden kann. Er nennt sie „Königin" und „meine schöne Prinzessin", als wären Kosenamen unumstößliche Titel. Im Laufe der Jahre verteilt er über hundert Fotografien von ihr im Haus, eine Biografie in Ikea-Rahmen, über Jahrzehnte hinweg, erstellt von einem obsessiv arbeitenden Paparazzo. Für die Existenz meiner Mutter vor ihrem siebenundzwanzigsten Lebensjahr gibt es keinerlei Beweise. Als wäre sie erst durch die Liebe eines Mannes sichtbar geworden.

Mein Vater war erst ein Bub, der ein Pfarrer sein wollte, dann ein Student, der ein Kommunist sein wollte, währenddessen ein Armer, der reich sein wollte und ist schlussendlich zu einem sehr konservativen, sehr österreichischen Beamten geworden, der immer mehr will, obwohl er schon alles hat. Wir besitzen drei Fitnessgeräte, vier Staubsauger, drei Rasenmäher und unzählige Kaffeemaschinen. Mein Vater kennt nur absolute Askese oder völlige Entgleisung. Ich, das Kleinkind, genieße die aus der Kaufsucht meines Vaters für mich entstandenen Vorteile und wälze mich in Spielzeug und Zuneigung wie Dagobert Duck in Geld. In kinderfreundliche Form gegossenes Geld.

Jahre später ziehen meine Schwestern eine nach der anderen aus und mein Vater macht sich schnellstmöglich daran, den von ihnen hinterlassenen, luftleeren Raum prall zu füllen. Mein Playmobil hat ein eigenes Zimmer. Die Comics meines Vaters haben ein eigenes Zimmer. Zimmer haben eigene Zimmer. Irgendwann wird der stille Palast nur noch von Vorräten und Anhäufungen bewohnt sein, Damenbinden für Jahre häufen sich im Keller. Irgendwann werden wir alle in Dingen und zu Dingform modellierter Währung ersticken. Irgendwann wird das Haus mehr Badezimmer als Bewohner haben, und die übrigen werden ständig in der zäh verstreichenden Zeit stecken bleiben, wie totes Fleisch in Aspik. Aber bis dahin dauert es noch.

Mein Vater wirkt manchmal wie jemand, der einen Krieg erlebt hat. Obwohl er nie in einem war. Obwohl er erst geboren wurde, als man schon nichts mehr zu tun hatte, als zu wehklagen, man hätte ja nie etwas gewusst. Er setzt sich selten hin und wenn doch, blickt er ständig in Richtung Tür. Wenn er und meine Mutter Besuch empfangen, scheint er die Anwesenheit anderer Menschen zu fürchten, als könnten sie jederzeit über ihn hinwegtrampeln, wie eine Herde aufgescheuchter Wildtiere. Es gibt gewisse Aussagen, Gegenstände und Geräusche, die ihn in sofortige Schockstarre versetzen und ihm die Sprache rauben oder ihn mit irrationaler und sengender Wut erfüllen.

Vielleicht ist es die Angst, man könnte ihm all das nehmen, was er sich selbst und dem Erdball so mühevoll abverlangt hat. Dass er wieder ein zu kleiner, zu dünner Bub werden könnte, allein in einem katholischen Internat, in dem man sich entweder viel zu wenig oder viel zu viel für ihn interessiert. Mein Vater wird regelrecht fahrig, wenn für kurze Zeit nichts geschieht. Wenn der Amazon-Bote kein neues Paket liefert, wenn meine Mutter nicht spazieren gehen möchte,

wenn keine Bauarbeiter seine Welt neu errichten. Dementsprechend verbringe ich einen großen Teil meiner Kindheit
wandernd oder Rad fahrend und auf dem Gipfel des Schöckls,
mit hartgekochten Eiern und in Streifen geschnittener, grüner
Paprika. Mein Vater neben mir mit dem Fotoapparat, den halben Globetrotter-Katalog am Körper tragend, selig lächelnd,
aber bereits wieder zum Aufbruch drängend. Wie ein Hase
schlägt er Haken, läuft im Zickzack durch seine und unsere
Existenz, auf dass er nicht sterbe. Einmal komme ich von der
Schule heim und sehe ihn, wie er mit einem Brecheisen die
Holzverkleidung an der Wand aufstemmt.

– Was machst du da?

– Mir war langweilig, also montiere ich eine Lampe.

Nachts ist der Weg von der Einfahrt bis in mein Kinderzimmer von Dutzenden Lampen und ihren Bewegungssenso-
ren gesäumt, die mir den Weg in die Heimat weisen. Der
Wintergarten unseres Hauses ist für Vorbeigehende hell er-
leuchtet. Gläserne Menschen in einem gläsernen Haus. Wir
haben nichts zu verbergen und man sieht alles. Immer.
Mein Vater ist der beste Vater der Welt, den Umständen entsprechend. Den Umständen eines Menschen entsprechend,
der ständig auf der Flucht zu sein scheint, vor einem Monster,
das außer ihm niemand sehen kann.

Aber genau deswegen, weil man sich bei uns so vor Mons-
tern fürchtet, bin ich das behütetste und umsorgteste Kind der
Welt. Aus Dankbarkeit darüber und weil ich bis ans Ende mei-

nes Lebens jeden Tag Zeichentrickfilme sehen möchte, entschließe ich mich, meinen Vater zu heiraten, wenn ich groß bin.

Meine erste Schwester, die in Mindestzeit studiert und später zu einer sehr angesehenen Wissenschaftlerin wird, mit Doktortiteln behängt wie eine Generalin mit Orden, kitzelt mich so lange und ausführlich, dass ich noch als Erwachsene zusammenzucke, wenn jemand meinen Bauch berührt.

Meine zweite Schwester hat in ihrer WG eine eigene Ecke nur für mich. Sie macht ein Auslandssemester in Amsterdam (wegen der tollen Architektur, wie sie unseren Eltern erklärt) und tut beim Versteckenspielen so, als würde sie mich nicht finden.

Meine dritte Schwester ist bei meiner Geburt zu alt, um diese protestlos hinzunehmen, aber alt genug, um sowohl für ebenjenen Protest, als auch für absolut alles, was nach meiner Geburt noch geschieht, getadelt zu werden, weil ich natürlich objektiv betrachtet süßer bin und als jüngstes Kind ohnehin fehlerlos. Vielleicht, um zu beweisen, dass sie über den Verlust des Titels als Letztgeborene hinweg ist, gerät sie zur absoluten Mustererzieherin, konditioniert mich in monatelanger Anstrengung dazu, bitte und danke zu sagen, und schenkt mir eine *Kiddy-Contest*-CD, obwohl sie das Zimmer neben meinem hat und die Wände dünn sind.

Als Fünfjährige führe ich also ein Leben wie in einem Astrid Lindgren-Buch und alles, was ich sage, spreche ich leise und für mich ein zweites Mal nach, um es in meinem Kopf aufzeichnen zu lassen, für den autobiografischen Film, den ich als Erwachsene drehen werde, das habe ich mir geschworen. Weil jeden Tag Dinge geschehen, die so wundervoll sind, dass sie nicht einfach unbemerkt vergehen dürfen. Dinge, an die ich mich ein Leben lang erinnern will.

Irgendwann aber bin ich dieses ebenso perfekten wie einschläfernden Zustandes überdrüssig. Nicht allzu lange Zeit nach dem Erlernen von Sprache und eigenständiger Fortbewegung drohe ich, in eine Midlife-Crisis zu stürzen, und beschließe infolgedessen, meinem Dasein durch selbst erschaffene Komplikationen zu neuer Spannung zu verhelfen. Von der Gesellschaft weiß ich, dass das einzig wirklich Erstrebenswerte im Leben die Liebe ist. Ich entnehme diesen Fakt den Serien, die meine Schwestern und ich aufeinandergestapelt wie die Bremer Stadtmusikanten vom Sofa aus konsumieren. Den Balladen, die mein Vater durch das Haus schallen lässt, bis man sein eigenes Wort kaum noch versteht, und den Bildern meiner Mutter, die erst durch die Dokumentation ihres Daseins durch einen Geliebten wirklich real geworden ist. Den Menschen, die Kindern, basierend auf dem Aussehen ihrer Geschlechtsorgane, Rosa oder Blau anziehen und sie, kaum dass sie sprechen können, fragen, ob sie denn schon einen Freund oder eine Freundin haben. Nichts Wichtigeres, nichts Schöneres gibt es auf dieser unserer blassen Welt als die Anerkennung und Zuneigung einer anderen, idealerweise männlichen Person. Mein Vater kommt als Kandidat nicht infrage und kommt mir mit dem fadenscheinigen Argument, er sei schon verheiratet, sodass ich wahnsinnige Eifersucht auf meine Mutter verspüre. Ich weiß, was ich zu tun habe.

Armin

Bilder von Burgfräulein

Todesmutig stürze ich mich in die Suche nach dem einzig Wichtigen auf dieser Welt, um meinem, in seiner ländlichen Idylle geradezu langweiligen Kleinkinderleben, endlich den nötigen Sinn einzuhauchen.

Regelmäßig unterhalte ich mich nun mit einem Knaben meines Alters auf langen Wanderungen durch das sich über scheinbar endlose Weiten erstreckende Gelände des Integrationskindergartens (dessen Besuch mir bis heute Kopfzerbrechen bereitet, denn wer weiß schon, ob ich dort als besonderes Kind angemeldet war oder nicht?).

Ich mag es eigentlich nicht, mich mit anderen Kindern zu unterhalten, und wenn, dann kommt meistens Unbefriedigendes dabei heraus. Denn, wie Benjamin Button altere ich rückwärts, bin hier also als alte Frau eingesperrt in einem Haus voller Fünfjähriger. Ihre Gesprächsthemen sind mir fremd und ihre Aktivitäten wie Rennen oder Mit-Dreck-Spielen für mich nicht von Interesse. Ich male stattdessen Bilder, alleine in der Zeichenecke über einen Tisch gekauert, und verlange dabei absolute Ruhe. Jedes einzelne Mal dasselbe Motiv: ein Ritter, der ein Burgfräulein rettet. Entschlossenes Handeln gegen passive Ohnmacht. Alle fragen immer, wer von den beiden auf dem Bild ich lieber wäre.

– Beide,

sage ich daraufhin und sie schauen komisch.

Im Laufe der Zeit werden sich die Bilder immer ähnlicher, bis sie fast wie mechanische Reproduktionen wirken. Wie mein Vater Marilyn Monroe begehrt, begehre ich diesen Archetypus einer Beziehung. Die anderen schauen auch komisch, wenn ich meine verschiedenen Tricks anwende, um sie zu unterhalten. Manchmal ist das mit meiner Zunge im rechten Nasenloch rumzupopeln, manchmal zu hecheln wie ein Hund. Aber meistens finden sie meine kleine Ein-Personen-Freakshow nicht amüsant, sondern abstoßend. Manchmal lacht doch jemand, aber das Lachen hat einen merkwürdigen Unterton.

Bei Armin ist das anders. Im Gegensatz zu allen anderen Jungen in meinem Kindergarten, mit deren Anwesenheit ich immer überfordert bin – weil ich mein ganzes Leben lang immer mit der Anwesenheit von Männern überfordert sein werde, also ziehe ich mich in späteren Jahren meistens einfach aus – empfinde ich ihm gegenüber nicht das tiefe Bedürfnis, ihn so lange zu nerven, bis er mir eine watscht, oder detailliert die Kreuzigung Jesu Christi mit mir als Jesus nachspielt. Die Pädagoginnen verletzten ihre Aufsichtspflicht zwar grob, aber nur kurz, und eilten rechtzeitig zu meiner Hilfe.

Armin ist einfach da. Ich weiß heute nicht mehr so ganz, was genau denn nun anders war, bis auf das völlige Fehlen jeglicher frühkindlicher Folterspielchen, aber allein die Tatsache, dass ich mich an keinerlei negative Vorkommnisse erinnern kann, beweist doch schon, dass unsere Beziehung von nichts als Liebe und Respekt geprägt gewesen sein muss. Keine Erinnerungen sind gute Erinnerungen.

Auf einem meiner Streifzüge durch die Stachelbeerbüsche also, dem menschenleeren Bereich, wo ich mich vorzugsweise aufhalte, wenn Tante Erika mich zwingt, rauszugehen, stolpere ich in ein etwa gleichaltriges männliches Kind, bekleidet mit einem roten Frotteepullover, das eine Art frühe Version des Justin-Bieber-Ponys zur Schau trägt. Wir reden über irgendetwas, vermutlich sage ich sowas wie:

– Bist du öfter hier?

Oder vermutlich auch nicht. Und daheim erzähle ich meiner dritten Schwester in betonter Lässigkeit, dass ich mich verliebt hätte. Meine dritte Schwester, die dreizehn ist und es natürlich kaum erwarten kann, herzigen Kindergartengossip zu hören, den sie dann amüsiert ihren Anarchopunkfreunden weitererzählen wird, fragt sofort begeistert, wie er heißt, und ich antworte peinlich berührt, dass ich das nicht mehr weiß.

– Aber so wie dieser eine Moderator. Der, den ich so gern habe, weil er immer alles weiß.

Meine Schwester findet meine unerwiderte, nur noch von der zu Thomas Gottschalk übertroffenen Liebe zu Armin Assinger wahrscheinlich hochgradig reaktionär, sagt aber nichts und kichert nur. Ich lasse sie kichern in ihrer Unwissenheit, im Gegensatz zu mir ist sie schließlich noch jung und kann gar nicht begreifen, was Liebe ist. Wirkliche, echte Liebe.

Einige Tage später berühre ich aus schierem Trotz – und dieser schiere Trotz wiederum rührt aus meinem immerwährenden Prinzip des grundsätzlichen Ungehorsams – mit der Spitze meines rechten Zeigefingers einen gatschfarbenen Pilz in der Nähe der Rollstuhlrampe zum Turnsaal, nachdem ein namenloses Mädchen aus der Blauen Gruppe gesagt hat, den dürfe man auf keinen Fall angreifen, der sei giftig und würde einen umbringen. Da ich der Kompetenz meines Gegenübers in Bezug auf das Themengebiet gatschfarbene Pilze ebenso grundloses und bedingungsloses Vertrauen entgegenbringe wie Assinger, bereite ich mich innerlich schon mal auf den Tod vor. Der Tod ist die andere wichtige Sache auf der Welt, neben der Liebe. Auch das weiß ich schon.

Armin, mit dem Zwiebackverpackungsgesicht und den blonden Haaren, und ich vergessen einander recht schnell wieder. Ich bin trotz allem im Endeffekt immer noch eine relativ emanzipierte Fünfjährige und außerdem viel zu sehr mit Sterben beschäftigt, um mich mit irgendetwas anderem aufzuhalten. Er verschwindet einfach so, in der Masse hundert anderer Kinder. Und so endet meine erste Liebe so unspektakulär und friedlich wie keine der darauf folgenden.

Julia

Die Muffins von Stepford

Ich tanze durch den Vorgarten meiner Eltern wie durch die Kulisse einer meiner geliebten Zeichentrick-Romanzen. Das hier ist *Dornröschen* und ich bin der Prinz mit seinem vollkommen nichtssagenden Erscheinungsbild, der verzaubert von der Schönheit einer jungen Frau, mit langem blondem Haar, durch den Wald irrt wie ein BOKU-Student auf Shrooms.

Kein Schwein kann sich an den Namen des Prinzen aus *Dornröschen* erinnern, und wenn, dann höchstens aus einem Buzzfeed-Quiz. Kein Disney-Prinz war jemals so basic wie er, die Personifikation eines roten und leicht abgenutzten Bleistiftes mit Kauspuren an einem Ende, wie man ihn im Federetui der meisten Erstklässlerinnen findet. Nicht in meinem. Ich stamme aus gutem Hause, meine Bleistifte sind von noch höherer Qualität als meine immerhin gut gemeinte Erziehung. Die beste Schülerin der Klasse heißt Julia, sie sitzt nur zwei Tische von mir entfernt. Für Julia bin ich eine gute Partie, finde ich.

Meine dritte Schwester ist vierzehn, trägt T-Shirts mit ominösen chinesischen Schriftzeichen darauf sowie lederne Halsbänder mit kleinen Steinen daran und schämt sich in Grund und Boden für mein Verhalten, wobei sie niemals müde wird, mir das mitzuteilen. Meine anderen beiden Schwestern finden mich ganz hinreißend, aber die sind ja auch schon alt und mir dementsprechend wohlwollend gesinnt.

Unser Garten verfügt weder über Zaun noch Hecke. Irgendwie haben unsere Eltern das in den zwanzig Jahren, die wir hier leben, versäumt und so kann jeder, der möchte, einen Blick darauf werfen, wie ich mich dem Zauber der ersten Liebe hingebe. Armin und mein Vater zählen nicht mehr. Nur Julia hat es verdient, meine Premiere zu sein. Nur das ist gut genug für sie. Sie soll mein Herz aus der Folie auspacken und dabei ein unberührtes Frischesiegel aufbrechen. Knackt beim ersten Öffnen. Für dich, Julia.

Meine Mutter ist eine frühe Vertreterin der Body Positivity-Bewegung und aus unerfindlichen Gründen ist die Einfahrt unseres Hauses auf sämtlichen verfügbaren Karten als offizieller Wanderweg markiert. Vorbeistapfende Pilzsammler starren sie mit großen Augen an, wenn sie sich splitternackt auf ihrem Liegestuhl räkelt. Ab Temperaturen über fünfundzwan-

zig Grad trägt sie nur noch einen großkrempigen Sonnenhut
und eine Sonnenbrille mit Schildpattmuster, und selbst die
Passagiere vorbeifahrender Autos werden magisch angezogen
davon, wie sie einfach nur existiert. Als wäre sie selbst es, die
strahlt, und die Welt müsse vor ihrer Hitze abgeschirmt werden.
Meine Schwester kann sich also guten Mutes für alles Mög-
liche schämen, nicht nur für mich.

Julia. Schöne Aristokratin. Julias Augen sind dermaßen
groß und braun, dass es schon fast ein wenig gruselig wirkt.
Außerdem besitzt sie absolut alles, was man von Diddl besitzen kann. Einmal besuche ich sie zuhause, und ihr Zimmer
sieht aus wie der eine Gang in den Müller-Filialen, dessen
Sortiment ausschließlich aus sämtlichen verfügbaren Pro-
dukten eines gerade angesagten Franchises für Mädchen zwischen sechs und dreizehn Jahren besteht. Im Nachhinein bin
ich mir sicher, es hätte in ihrem Zimmer sogar Tische mit Stapeln immer derselben Diddl-Bücher und -Mappen gegeben,
die man aber nicht hätte anfassen dürfen. Das ist natürlich
eine falsche Erinnerung, eine, die ich mir nachträglich ein-
gepflanzt habe, weil sie so schön ins Bild passt.

Alles an Julia ist perfekt. Ihr Leben ist quasi *Die Frauen
von Stepford*. Weil ich letztendlich doch sowas wie ein Kind
bin und mir zu viele Gedanken darum mache, so wie die anderen Kinder zu sein, lege ich metaphorisch alles, was Julia
auf dieser Welt besitzt und wofür sie steht, und alles, was ich
auf dieser Welt besitze und wofür ich stehe, in die alte Waag-

schale meiner Großmutter, die mit den Messinggewichten, und jedes Mal verliere ich. Julias Gewichte wiegen immer schwerer, sind massiver, wertiger als die meinen, und trotzdem versuche ich es immer weiter. Ständig mit dem Schrecken im Rücken, Julias Leben könnte besser sein als das meine, bin ich wie verliebt in sie. Aber wahrscheinlich eher in die Vorstellung, sie zu sein.

Nachdem sie das erste und einzige Mal bei mir zuhause gewesen ist, fährt mein Vater sie heim und sie erklärt ihm im Auto, sie würde in dem lachsfarbenen Haus links wohnen, gleich nach der Schweinemast. Ich stelle mir ein Haus in der Form eines etwa fünfzehn Meter hohen Fisches vor, seitlich aufgestellt auf der Schwanzflosse in den Himmel starrend, seine metallenen Schuppen das Licht reflektierend, wie in einem Lemony-Snicket-Buch. Aber dann ist die Farbe einfach nur ein hässliches Rosarot, und ansonsten sieht das Haus ganz normal aus, und ich merke zum ersten Mal, dass man sich die Dinge meist spannender und glänzender vorstellt, als sie sind. Dafür haben sie nicht nur einen Zaun, sondern sogar einen weißen Holzzaun.

Julias Mutter ist Hausfrau und ihr Vater spielt in der Kirche Gitarre, mit einem Fuß auf einem kleinen Schemel, den mein Vater bestimmt tuntig finden würde. Meine Mutter ist krank und damit schon ziemlich ausgelastet. Julias Eltern haben wohlklingende, sonnige Namen, wie die Eltern in Kinderbüchern heißen, und zu jedem Elternabend bäckt ihre

Mutter mindestens drei verschiedene Sorten Muffins. Muffins sind zu dieser Zeit noch etwas sehr Neues und Aufregendes, wie Kuchen, aber klein, das muss man sich mal vorstellen, du meine Güte, und das hier in unserem kleinen Dorf, und weil es ja sowieso schon so irre aufregend ist, schmeißt sie immer reichlich Schokoglasur und Smarties und solches Kramuri obendrauf. Ich hasse meine Mutter ein bisschen, denn so schwer kann die Fabrikation von einem Dutzend Muffins doch nicht sein, wenn nicht mehr und nicht weniger als das Wohlergehen der eigenen Letztgeborenen in einem sozialen Müllhaufen, wie einer ländlichen Volksschule, auf dem Spiel steht.

Meine Mutter ist krank und wird das die nächsten zwölf Jahre auch bleiben, im Großen und Ganzen jedenfalls. Das dauert solange, bis die Krankenkasse etwa eine halbe Million für ominöse Tabletten locker macht, um sie innerhalb von drei Wochen der völligen Genesung zuzuführen. Danach sind wir etwas ratlos, was man denn eigentlich mit einer gesunden Mutter macht, gewöhnen uns aber daran.

Es ist ein unangenehm bitterer Cocktail aus körperlichen Gebrechen, die momentan mit etwas behandelt werden, was ich noch nicht verstehe, was aber die Krankheit selbst in seinen Symptomen noch zu übertrumpfen scheint, und Traurigkeit, die schon immer da war und sich jetzt ins Unermessliche gesteigert hat. Meine Mutter liegt meistens im Bett und schläft, und ich liege bei ihr und streiche über die samtigen

Ärmel ihres weißen Bademantels mit den Rosen darauf. Ich sehe nie wieder in meinem Leben etwas so Erhabenes und Feminines wie meine Mutter in diesem Bademantel, an den ich Jahrzehnte später immer noch mit vor Ehrfurcht tränenden Augen denke und den ich liebe, wie kaum einen anderen Gegenstand auf dieser Welt. Sie hat hier in ihrem kleinen Reich alles, was sie braucht: Das Radio steht direkt neben ihrem Kopf auf dem Nachttisch, daneben Tee und sich ins Endlose türmende Stapel an Donna-Leon-Büchern, und es geschieht in dieser Zeit, dass ich den Entschluss fasse, später genau wie sie ein Leben im Bett zu führen, denn das ist es anscheinend, was Frauen tun. Sich melancholisch und ins Leere gerichteten Blickes horizontal in der eigenen Kemenate räkeln, gleich einem menschlichen Ölgemälde, zu filigran für das Leben da draußen.

Ihre Schwäche hat etwas Elegantes, beinahe Majestätisches, nach dem ich ebenfalls strebe. Sie sitzt aufrecht wie eine Königin, und manchmal, an guten Tagen, steht sie in Unterwäsche am Herd, kocht und singt dabei ausgedachte Lieder mit dummen Texten, über die sie selber lachen muss. Aber meistens schläft sie eben. Mein Vater versucht ab und zu, sie wachzuküssen, aber es funktioniert nie. *Dornröschen* ist ein in dieser Welt kaum zu realisierendes Märchen, das wird auch mir bei gefarbenem Prinzen immer klarer.

Die Tatsache, dass Julia Julia heißt, ist ja schon ein Hinweis, dass ich mich in sie verlieben muss. Es ist ein außeror-

dentlich aristokratisch klingender Name, sie könnte also möglicherweise eine tatsächliche Prinzessin sein, und ich dürfte
sie vielleicht wirklich vor einem Drachen retten. Meine zweite Schwester sucht extra für mich ein altes Buch mit potenziellen Babynamen heraus und recherchiert Julia als gleichbedeutend mit „aus dem Geschlecht der Julier stammend", und
das macht es für mich mehr oder weniger offiziell, dass ich
Julia ab nun meine Minne darbieten werde, am liebsten singend unter ihrem Balkon, wie es ein Burgfräulein aus einem
richtigen Geschlecht verdient hat, aber meine Familie rät mir
einstimmig davon ab.

   Ich könnte sie fragen, ob sie meine Freundin sein will,
und dann könnte sie mich Romeo nennen. Von *Romeo und
Julia* haben mir meine Schwestern erzählt, und ich hoffe ein
bisschen, dass unsere Eltern eine Fehde anfangen, richtig mit
Mord und so, nicht nur mit Muffins und Kirchenliedern, und
wir würden uns verbotenerweise lieben, uns heimlich treffen,
damit die Geschichte authentischer rüberkommt. So wie ich
und Manuel später. Wir könnten auch durch den Wald schleichen, und wenn sie sich fürchtete, würde ich sie in den Arm
nehmen. Ich würde meine eigene Unzulänglichkeit durch die
Liebe zu etwas so Kostbarem von innen zum Leuchten bringen, und wenn wir nachts auf meinem Pferd durch den Wald
ritten, und das Pferd hieße Galupy, dann bräuchten wir vielleicht in meinem goldenen Schein kein Licht mehr. Irgendwann erzähle ich einem anderen Mädchen aus meiner Klasse,

dass ich in Julia verliebt bin, und auch ein bisschen in ein anderes Mädchen, das unglücklicherweise die Cousine und beste Freundin des ersten Mädchens ist, und so erfahren alle von meiner Liebe und finden mich komisch. Immer finden mich alle komisch, nie verstehe ich wirklich, wieso.

Eventuell liegt es wirklich daran, dass meine Mutter keine Muffins bäckt. Oder es ist, weil mein Haar nicht glatt ist und ich nicht mithalten kann, wenn andere Volksschulmädchen in der Garderobe nach dem Ballett vergleichen, bei wem man die Rippen besser sieht, wie bei einer echten Ballerina. Oder weil ich in einem anderen Kindergarten war, als der Rest der Klasse. Einmal unterhalte ich mich in der großen Pause näher mit meiner Klassenlehrerin, die wie immer am Rand des Schulhofes steht und, löffellos einen Becher Kaffeejoghurt verzehrend, die anderen Kinder beobachtet, wie sie sich jauchzend durch den Schlamm wälzen und Krieg spielen. Sie ist eine Frau kurz vor der Pensionierung mit frechem Pixie Cut und dem permanenten Gesichtsausdruck eines wütenden Huhns und erzählt uns, die Chinesen würden die Hirne lebendiger Affen verspeisen. Irgendwann verkündet sie meinen Eltern, ich würde vermutlich sitzen bleiben, weil ich im Unterricht heimlich unter dem Tisch lese und mich dementsprechend nicht genug auf das kleine Einmaleins konzentriere. Pädagogisch gesehen ist das alles höchst fragwürdig.

Im Laufe des Gespräches schiebt sie mein bereits von meinen drei Schwestern getragenes rosa Polohemd hoch und verkündet laut lachend, ich hätte ja einen richtigen kleinen Bauch. Ein paar andere Kinder vernehmen ihre Feststellung und lachen mit. Derlei Dinge lassen sich in der ersten Klasse noch leicht ausbügeln, aber das verpassen sowohl ich als auch meine Eltern, die sich nie einigen können, ob ich die Schule wechseln sollte oder nicht.

In der dritten Klasse ist das Bild von mir auf der großen Fotowand beim Eingang schon so mit Reißzwecken perforiert worden, dass Außenstehende nicht mehr sagen könnten, ob ich überhaupt jemals über ein Gesicht verfügt habe.

Vielleicht liegt es ja auch an ganz anderen Dingen. Vielleicht finden sie mich komisch, weil ich sozial inkompetent bin, meiner guten Erziehung geschuldet nach der Schule immer den liegen gebliebenen Müll aufsammle, der wundersamerweise jeden Tag mehr wird, als hätte man mir extra noch welchen hingeworfen, oder weil immer alle sagen, ich solle die anderen Kinder einfach ignorieren, wenn sie mich ärgern, und ich nicht verstehe, wie ich es ignorieren soll, jeden Tag verhauen zu werden. Mein letzter Ausweg bleibt es, mich zu drehen. Mit ausgebreiteten Händen um meine eigene Achse, mehrmals am Tag, bis die Welt um mich herum schwankt und ich zu Boden stürze. Dann stelle ich mir vor, wie es wäre, jetzt einfach liegenzubleiben.

Julia und ich spielen nur die zwei Mal miteinander, das wars dann auch schon wieder. Stattdessen verbringe ich meine Freizeit bei meiner Mutter im Bett, wo ich sie jeden Nachmittag unter Tränen anflehe, nicht zurück in die Schule zu müssen, und sie es mir manchmal erlaubt und ich den ganzen Tag bei ihr bleiben darf. Im Nachhinein wünsche ich mir, wir beide wären einfach dort geblieben, im Bett, bis ich endlich erwachsen war. Gaia und ein Viertel der Welt, die sie geboren hat.

Manchmal sehe ich Julia noch in der Kirche unseres Heimatortes, wenn wir unsere Eltern besuchen. Ich ignoriere die ausgestreckte Hand meiner ehemaligen Lehrerin, die seit dreißig Jahren die erste Stimme im Chor singt und sich nicht daran erinnern kann, was sie getan hat, und kämpfe mich durch Schwaden an Weihrauch und Mundgeruch älterer Landwirte. Dann über den roten Teppich, den ich sechs Jahre lang beschritten habe, weil Ministrieren im Endeffekt auch nur Performancekunst ist, hin zu Bänken, die so geformt sind, dass man die Wirbelsäule immer etwas krümmen muss vor dem Herrgott. Julia sitzt mit ihrer Familie in der Reihe vor uns. Wir grüßen uns nicht, aber meine Mutter flüstert mir zu:

– Schau dir dieses Halstuch an!

– Schrecklich,

flüstere ich zurück und dann schlafen wir nebeneinander auf der Holzbank ein.

Krapfen

Die schönste Zeit des Lebens

Kurze Zeit später habe ich bereits ein neues Ziel: Konstantin Krapf. Was ich an Konstantin Krapf besonders schätze, ist, dass er „nicht wie die anderen Jungs" ist. Diese in zahllosen Teenieserien bemühte Phrase hat sich unwiderruflich in mein Hirn eingeprägt. Das ist es, das muss ich haben. Nicht. Wie. Die. Anderen.

Konstantin trägt Rollkragenpullis, die er in die Hose steckt, und darüber rote Hosenträger. Das ist 2003 noch nicht cool, genauso wie depressiv sein noch nicht cool ist. Es gibt noch keine Hipster, keine Lana Del Rey und keine Billie Eilish, Avicii ist noch nicht einmal berühmt, geschweige denn tot, und niemand versteht, warum man etwas ironisch machen sollte. Zu dieser Zeit sind solche Dinge für Konstantin Krapf und mich reserviert und fungieren als riesige Neonpfeile, die den anderen den Weg weisen, hin zum leichtesten Opfer. Konstantin trägt die Hosenträger natürlich mit vollem Ernst, denn kein Achtjähriger macht irgendetwas ironisch, auch nicht heute.

Und gerade deswegen, wegen seiner unapologetic Peinlichkeit, finde ich ihn so toll. Ich hege eine tiefe Bewunderung für Menschen, die sich nicht für die Meinung anderer interessieren, werde sie immer hegen. Konstantin gibt absolut keinen Fick. Wie das Mädchen später in der Oberstufe, das acht Jahre nach Ende des Hypes noch immer glühender Tokio-Hotel-Fan ist und ganz bewusst zwei Nuancen zu dunkles Make-Up benutzt. Genau so ist Konstantin.

Die anderen Buben zertreten Insekten, sie spielen mit Yu-Gi-Oh Karten und bunten Kreiseln, die für ein Spielzeug wahnsinnig aggressiv aussehen, und sie rennen in jeder freien Sekunde die Halfpipe auf und ab, die man auf dem kleinen Parkplatz hinter der Volksschule aufgestellt hat und die schon nach einer Woche mit Graffiti und ordinären Sprüchen über Genitalien überzogen ist. Eine Skateranlage auf dem Grundstück einer Schule, an deren Einfahrt ein Schild verkündet, der Zutritt sei für Jugendliche über vierzehn Jahren verboten. In einem Tausend-Einwohner-Dorf. Wen da eine Skateranlage interessieren soll, außer ein paar wütenden Kindern mit Gel im Haar, die da herumtrampeln, dass der Krach nicht zu ertragen ist, und keine anderen Hobbys haben, außer ein dickes Mädchen mit Hornbrille herumzuschubsen, das würde ich ja gerne mal wissen.

Aber ich würde auch gerne mal wissen, warum Frau Geritzer sagt, ich muss unbedingt stricken lernen, egal, wie oft ich zu weinen anfange, weil ich undiagnostiziertes ADS habe und mir partout nicht die merkwürdigen Tanzbewegungen merken kann, die meine Finger dafür ausführen müssen, und das beantwortet mir ja auch niemand. Julia, die mittlerweile so perfekt in allem ist, dass ich sie fast genauso wenig ausstehen kann, wie meine Mutter ihre Mutter, strickt in einer einzigen Unterrichtsstunde einen halben Schal, und Frau Geritzer sagt:

– Seht euch das an! Wie mit der Maschine gestrickt.
Sie meint das anscheinend als Lob, aber warum es gut sein soll, wenn ein Mensch sich verhält wie eine Maschine, und warum ich den Scheiß lernen muss und die Buben nicht, das kann mir auch niemand beantworten.

Allerdings verkündet Frau Geritzer uns auch regelmäßig, die Kindheit sei die schönste Zeit im Leben und wir sollten sie genießen, solange wir noch mittendrin sind, als Erwachsene werden wir uns nämlich hierhin zurücksehnen, und ich starre sie entsetzt an und denke:

– Moment, soll das heißen, es wird noch schlimmer?

Konstantin sitzt schweigend an seinem Tisch im Werkraum, in seinem Scout-Rucksack sind Käsebrote und Bücher über

Teddybären, Apfelkuchen und alles sonst, was unschuldig ist, und seine für ein Kind erschreckend buschigen Augenbrauen wackeln sanft im Takt seiner schmalen Finger. Er strickt als einziger Bub freiwillig, obwohl er nicht muss, und das wird dann natürlich von Vorteil sein, wenn wir verheiratet sind und ich schon nicht stricken kann. Julia will ich nämlich definitiv nicht mehr heiraten, und Konstantins Mutter ist auch sehr nett, viel netter als Julias Mutter, wird mich also als Schwiegertochter akzeptieren.

Nachdem ich im Weihnachtstheaterstück die dritte Adventskerze gespielt habe und Konstantin die vierte, halte ich unser Glück für besiegelt. Er hat mir zwar vorher zugeflüstert:
– Wird schon schief gehen!

Was ich jedoch nicht verstehe, denn ich hatte eher darauf gehofft, dass es eben nicht schief geht, aber zusammen in einer schauspielerischen Produktion mitzuwirken, das ist natürlich der Gipfel der Romantik. Jennifer Aniston und Brad Pitt haben sich auch über ihre Arbeit kennengelernt, und die sind schließlich der Inbegriff ewiger Liebe und werden für immer zusammen bleiben. Das erzählen mir meine Schwestern, als wir alle vier zu einem Fleischberg aufgehäuft auf dem Sofa liegen, *Charmed* schauen und ich mir die Augen zuhalte, weil schon wieder ein Dämon auftaucht. Die Argumentation überzeugt mich.

Ich bin also durchaus guter Dinge, nicht als alleinstehende, verschrumpelte Neunjährige zu enden, und meine zweite

Schwester hat ein Geschenk für mich. Sie hat eine aufregen-de Geschichte geschrieben, in der der Krapfen (das kommt davon, wenn man so einen Nachnamen hat) und ein Mäd-chen namens Anel Weihnachten retten, und es ist wahnsinnig aufregend und romantisch, und am Heiligen Abend habe ich dann alle Teile der Geschichte ihrem selbst gebastelten Ad-ventskalender entnommen und in ein kleines Buch geklebt, und ich bin ganz selig.

Irgendwann wird mir bewusst, dass Konstantin sogar für mich zu uncool ist und es nun auch nicht als Grundlage für eine Be-ziehung reicht, dass er mich als einziger Bub in der Klasse nicht nach Herzenslust mobbt, und ich verliere das Interesse. Aber manchmal nehme ich noch das kleine Buch aus dem Re-gal und lese die Geschichte, wie er und das Mädchen namens Anel Weihnachten gerettet haben. Und als Jan dreizehn Jahre später zu mir sagt, es wäre doch sehr viel passender, wenn ich Lana heißen würde statt Lena, da bin ich schon ziemlich angepisst, dass auch der letzte glückliche Fleck meiner vor sich hin vegetierenden Dorfkindheit vernichtet werden muss.

Sebastian Anzenhofer

Original Gangsterrundschule

Spätestens in der dritten Klasse wollen die anderen Kinder mich nicht einmal mehr anfassen. Wenn wir bei Ausflügen in Zweierreihen gehen, muss die Klassenlehrerin erst Drohungen ausgackern, damit jemand meine Hand nimmt, mit angewidertem Blick, als wäre ich eine Aussätzige. In jedem einzelnen meiner Zeugnisse steht, ich müsse mich dringend mehr in die Gruppe integrieren.

Alle paar Monate klopfe ich an die Tür ihres Büros, setze mich auf die mit braunem, kratzigen Stoff überzogene Sitzfläche eines Metallstuhls, bei dem meine Füße in der Luft baumeln, schiebe meine kleine Kinderbrille, mit der bunt aufgemalten Lokomotive auf den Bügeln zurecht und lispele durch meinen gleichzeitigen Kreuz- und Unterbiss hindurch:

– Die anderen haben mich schon wieder geschubst/ausgelacht/mit Schnee eingerieben/gehaut/beleidigt, bitte reden Sie mit ihnen!

Und in der nächsten Stunde drückt die Lehrerein mir eine *Spatzenpost* in die Hand, schickt mich zum Lesen auf den Gang und ich höre durch die Tür, wie sie sie mit grenzenlos enervierter Stimme ermahnt, ein bisschen netter zur Lena zu sein. Jedes Mal wächst direkt danach ein aus verschiedenen Kindern zusammengeflicktes Monster vor mir hoch, jedes Mal etwas größer, mit geballten Fäusten, das mich schnell bereuen lässt, gepetzt zu haben. Bis zum nächsten Mal.

Irgendwann ändere ich meine Strategie und überlege, dass beispielsweise Sebastian Anzenhofer, im Idealfall sogar seine Freunde aufhören würden, mir die Arme auf den Rücken zu drehen, wenn ich mich in ihn verliebe. Nach nur drei Tagen wird mir klar, dass Sebastian Anzenhofer zwar sehr hübsch und sehr cool, aber unglücklicherweise mir gegenüber immer noch ein ziemliches Arschloch ist, und entledige mich innerhalb kürzester Zeit meiner Gefühle für ihn. Es ist das erste und letzte Mal, dass ich mich in der Lage fühle, meine Emotionen gegenüber missbräuchlich handelnden Männern zu kontrollieren. Ich liebe nur, was mich nicht liebt, denn was mich liebt, das kann sich selbst nicht lieben.

Simon

Tod und Mädchen

Je älter ich werde, desto öfter überkommt mich in Bezug auf meinen Vater ungewollt die Assoziation mit Menschen, die sich Hundewelpen anschaffen, aber das Interesse an ihnen verlieren, wenn sie groß werden. Es ist nun bei Weitem nicht so, als hätte man das Interesse verloren – mein Vater liebt mich, wie er vermutlich kaum etwas Anderes auf dieser Erde liebt. Vielmehr wirkt es, als würde er just in dem Moment, in dem ich in die Pubertät eintrete, schlagartig, wie durch den Fluch einer bösen Hexe, jegliche Fähigkeit verlieren, mit mir zu kommunizieren.

Als wäre nichts übrig von dem Kind, das ich einmal war, und dem lachenden Mann, der daneben auf dem Parkett hockt und auf Befehl Barbie-Outfits und Legosteine reicht. Mit Kindern muss man nur spielen. Aber mit Erwachsenen muss man sprechen. Mein Vater, der nie ein Kind war, der

noch als halber Säugling wochenlang von der Mutter ge-
trennt wurde, zur Abhärtung, der seine Jugend fast vollständig in ungeheizten Internatsräumen verbracht hat, betrachtet
mein Heranwachsen mit beinahe vorwurfsvollem Ausdruck.
Ich bin das letzte Kind. Nach mir wird es keinen JAKO-O-
Katalog mehr geben, keine Plastikdosen mit Lupen im De-
ckel, um darin eingesperrte Insekten zu beobachten, keine
Puppenhäuser. Dann ist alles weg. Und man kann einem
Menschen doch nicht einfach alles nehmen, was er liebt.
Er scheint um mich zu fürchten, wie andere Menschen mittleren Alters um besonders dekorative Kerzen, die sie geschenkt
bekommen haben und so sehr lieben, dass sie sie niemals
brennen lassen, aus Angst sie zu beschädigen.

Keine andere menschliche Regung ist in seinem Leben
so präsent wie die Angst, und wenn er das leugnet, dann soll
er mir erklären, warum wir über fünf Überwachungskameras
verfügen, warum ich als Einzige in der Unterstufe beim Ro-
deln einen Helm tragen muss, warum alle Fenster im Haus
absperrbar sind. Indem ich behütet werde, wie eine strahlend
weiße Taufkerze, die nicht befleckt werden darf, entgeht mein
Vater dem Nervenzusammenbruch.

Wenn ich früher weinend von der Schule heimgekommen
bin, hat mein Vater mir immer auf die Schulter geklopft und
gesagt:

– Sieh es so, andere Kinder haben es in der Schule schön,

aber zuhause nicht. Bei dir ist es immerhin umgekehrt, und hier verbringst du ja viel mehr Zeit als in der Schule. Aber so ist es nicht mehr. Durch die unendliche Liebe meiner Eltern werde ich in etwas erstickt, das sich beinahe nicht mehr nach Liebe anfühlt, und ich altere immer weiter rückwärts, mittlerweile bin ich nur noch ein winziger Zellklumpen. Hilflos, verloren, nicht einmal ein menschliches Wesen. Bald werde ich nicht mehr existieren, werde mich einfach auflösen.

Mein Vater hatte schon immer eine Tendenz dazu, die Grenzen zwischen sich selbst und seinen Kindern verschwimmen zu lassen. Wir tragen die gleichen Pyjamas. Wir haben dieselben Hobbys. Wenn ich erwachsen bin, werde ich etwas studieren, das ihn interessiert. Jetzt empfinde ich diese gänzliche Übereinstimmung zwischen ihm und mir zum ersten Mal nicht mehr als Segen. Nun hat es etwas Bedrohliches. Mein Vater klopft nicht an, wenn er mein Zimmer betritt, und verbietet, es abzusperren – was, wenn es brennt und die Tür nicht mehr aufgeht?

Wenn ich nachhause komme, ist er manchmal schon da und räumt auf, beschließt, ein Poster abzuhängen oder meinen Kleiderschrank neu zu sortieren, und will nicht verstehen, was daran schlimm sein soll. Ich kann mich noch glücklich schätzen. Als meine Schwestern in meinem Alter waren, kam er manchmal mitten in der Nacht herein, knipste das Licht an, warf den gesamten Inhalt des Kastens auf den Boden und forderte sofortige Ordnung, er könne sonst nicht schlafen. Meinem Vater rauben sehr, sehr viele Dinge den Schlaf. Meiner Mutter hält er unter die Nase, was er in ihrer Handtasche findet, er kennt den Code zu ihrem Handy und zu meinem E-Mail-Account. Mein Vater ist so abhängig von Kontrolle, wie andere Väter von Bier, und irgendwann empfinde ich blanken Neid auf meine Mutter, weil sie mehr darf als ich. Ich vergesse oft, dass sie nicht noch ein weiteres Kind ist, sondern seine Ehefrau.

Es gibt keinen Ort der Welt mehr, der mir kein Gräuel ist. Von der Sozialarbeiterin in der Schule kriegt jeder und jede ein Kondom und einen Vortrag über die Gefahren von HIV und Aids. Ich muss meines innerhalb von zehn Minuten an den Jungen der Gruppe abtreten, der es sich zur Aufgabe gemacht hat, die für menschliche Penisse bestimmten Latexhüllen aufzublasen und durch das Klassenzimmer schweben zu lassen, denn der allgemeine Konsens ist, dass ich es sowieso niemals brauchen werde. Niemals wird sich ein Mann für mich interessieren, heißt es, und wenn, dann wird es ein Blinder sein, haha.

Ich bin vierzehn, ich habe nichts, was mich noch interessiert, und schleichend, wie die Krankheit, die er ist, ergreift der Leerstand von mir Besitz. Er definiert sich als die vollkommene und absolute Abwesenheit jeglichen Sinnes und die Gewissheit, dass alles viel zu wenig und gleichzeitig viel zu viel ist. Der Ekel über den Leerstand quillt mir bei den trüben Augen heraus, denn er ist, das kann ich guten Gewissens zugeben, das bei weitem Grauenerregendste, was mir je widerfahren ist.

Es fängt an mit einer kleinen Traurigkeit, die sich zu Abscheu vor mir, allen um mich herum und prinzipiell der gesamten Welt steigert und in einer tauben, endlosen Verzweiflung gipfelt. Diese Reise in die große Traurigkeit ist das Beeindruckendste, das Epischste, was je in mir war und je mit mir sein wird, eine berauschende Symphonie, ein Feuerwerk, ein Hollywood-Blockbuster mit Explosionen und Verfolgungsjagden. Biblisches Ausmaß. An meinem vierzehnten Geburtstag saß ich mit Rastamütze im Park und habe Bob Marley gehört, an meinem fünfzehnten beschmiere ich das Ekelpaket meines wabbeligen, blassen, haarigen Kinderleibes mit billiger Bodylotion und denke an nichts andere, als an die potenzielle herrliche Gleichheit meines Geburts- und Todesdatums auf meinem Grabstein. Sie werden sagen:

– Schaut! An ihrem Geburtstag hat es sie dahingerafft, so jung. Was für eine haarsträubend symbolische Symmetrie. Meinen Eltern ist, wenn überhaupt, nur wenig Vorwurf zu machen. Abgeschieden vom Rest der Welt, die Schwestern alle längst fortgewandert, geistern wir zu dritt durch das viel zu große Haus am Waldrand, jeder und jede so gefangen im eigenen Leid, dass Hilfe für andere unmöglich erscheint. Der Blinde, der versucht, den Blinden zu führen, leitet nur beide in den Absturz, und so muss man es wohl gar nicht erst ver-

51

suchen. Mein permanent angespannter Vater kann nichts tun. Er kann nicht einmal etwas tun wollen, weil er gar nicht imstande ist, es zu verstehen. Seine Angst, deren Gründe nicht einmal meine Mutter so richtig kennt, hindert ihn daran, und seine Bewältigungsmechanismen treiben jeden Tag neue, bizarre Blüten. Mittlerweile ist er wieder in die Kirche eingetreten und ich erwische ihn dabei, wie er auf seinem Macbook einen Onlineshop für Christusstatuen durchstöbert. Er will eine Kapelle in unserem Vorgarten bauen.

Vor etwa eineinhalb Jahren hat er mir das letzte Mal vorgelesen. Wir haben aufgehört, mitten im Buch, weil ich eines Tages einfach nicht mehr wollte, und das ist eine Niederlage, die ihm seither jeden Tag ins Gesicht geschrieben steht, und die ich mir wenigstens nicht anmerken lasse. Ich weiß selbst nicht, wie ich jemanden im Stich lassen konnte, der mit mir zusammen wegen Dumbledores Schreien geweint hat, als er auf der Jagd nach dem Medaillon von ebenso verflüssigten wie verdrängten Erinnerungen gefoltert wurde. Es ist nun mal so. An früher zu denken tut weh, denn das, was einmal selbstverständlich war, wird nie mehr zurückkommen.

Mein Vater wurde mit preußischer Disziplin und Weidenruten zu einem perfekten Soldaten geformt, wie man das in den Fünfzigern eben gemacht hat. Zu jemandem, der sich in jeder Sekunde seines Seins zusammenreißt und von mir nichts Anderes erwartet.

Wenn ich mit stierem Blick hinweg dissoziiere auf meiner sonnenübergossenen Liege am Swimming Pool, wenn ich am reich gedeckten Tisch zu weinen anfange oder aus heiterem Himmel am Boden zusammenbreche, dann sieht er es entweder nicht, oder er tadelt mich, als würde ich das alles nur tun, um ihn zu ärgern. Wie ein apokalyptisches Sommergewitter schütteln Schreie meinen Körper, die Tausende Jahre alt scheinen und aus ursprünglichster menschlicher Angst und Einsamkeit rühren, dass ich mich fühle wie ein verlassenes Kind. Ich selbst verstehe nicht, warum ich schreie und weine, es ist, als würde ein Dämon von mir Besitz ergreifen, der nicht mehr weggehen will. Zu Weihnachten ein paar Monate später wünsche ich mir einen Therapeuten. Oder einen Exorzisten.

Meinem Vater wurde jahrzehntelang eingeprügelt, sein Leben habe eine perfekt glänzende Zwei-Autos-und-ein-Carport-Motivtorte zu sein, einem Vorabendprogramm entsprungen und voller Kinderlachen und wohlwollender Nachbarn, und alles, was dem im Wege stehe, habe bis aufs Blut bekämpft zu werden. Also glaubt er bereitwillig, was ich zu den ebenfalls bis aufs Blut zerschnittenen Unterarmen zu sagen habe:

– Ah, ja, mit dem Fahrrad hingefallen.

Also bittet er mich in strengem Ton, nicht so grantig zu sein, ich würde der ganzen Familie den Tag ruinieren, und bleibt reglos neben dem sich schreiend krümmenden Überrest eines Menschen stehen. Er ersucht mich höflich und mit fester Stimme, aufzustehen und mich nicht anzustellen, als wäre er als Vaterfigur nicht von seinem Gott erschaffen worden, sondern von Jelinek oder Schwab. Mein Vater hat schon bewundernswerte Arbeit geleistet, indem er die von Generation zu Generation weitergegebene Sitte der schweren körperlichen Züchtigung gebrochen hat, allein dafür gebührt ihm ehrlich gesagt ein Orden. Nichtsdestotrotz ist er aber in einer Welt vollkommen bar jeglicher menschlicher Regung groß geworden und versteht bis heute nicht, wie Gefühle funktionieren. Erst hat die Tradition ihn gebrochen, dann er die Tradition, und jetzt geschieht mit mir dasselbe. Nur eben auf andere Art.

Ein paar Mal im Jahr fliehe ich für einige Tage zu meiner zweiten Schwester nach Wien. Sie ist dorthin gezogen, als ich zehn war, und die meiste Zeit sitze ich nur Multivitaminsaft trinkend am Karlsplatz in der Hoffnung, einen Blick auf ein paar Drogenabhängige erhaschen zu können, oder liege im schwesterlichen Bett und schiebe eine *Friends*-DVD nach der anderen in den Laptop, bis meine Augen schmerzen. Es geht mir nicht darum, in einer anderen Stadt zu sein, etwas Neues zu sehen. Es geht mir darum, nicht zuhause zu sein. Ich darf eine kurze Pause von meinem Leben machen, aber am Ende muss ich immer wieder zurück, und das ertrage ich nicht. Schon, wenn der Zug den Hauptbahnhof verlässt, breche ich in Tränen aus, rufe meine Schwester an und bettle, zu ihr ziehen zu dürfen, und jedes Mal sagt sie, es seien nur noch ein paar Jahre, ich schaffe das, sie habe es auch geschafft. Ich wünschte, sie möge Recht behalten. Meine Mutter hat genug damit zu tun, selbst im Hier und Jetzt zu bleiben, sie verfügt über keinerlei Ressourcen zur Rettung anderer, scheint es. Oder sie bemerkt es nicht wirklich, was mit mir geschieht. Sie darf es auch gar nicht bemerken. Ihr Herz ist schwach mittlerweile, wenn sie sich aufregt, könnte sie weg sein, jederzeit, heißt es. Wenn mein Vater und ich uns gegenseitig hochputschen wie zwei psychotische Problemkinder auf einer Wippe, schließt meine Mutter wortlos ihre Zimmertür und verschwindet für einige Stunden.

Es bleibt nichts zurück als der Nachhall der Dinge, die wir direkt nach dem Aussprechen schon wieder bereuen, und Rostflecken auf dem Spielplatz meiner Kindheit, der uns allen einst so große Freude bereitete. Nein, sie will nichts hören, das macht das Herz nicht mit, das anatomische und das metaphorische. Der Stent und das Prozac können keine Wunder vollbringen. Sie muss sich selbst schützen.

– Wenn die Mama stirbt, bist du schuld,
sagt mein Vater. Ich weiß, dass es nicht wahr ist und dass er es nicht so meint. Das macht das Kraut aber nun auch nicht mehr fett.

Je länger mein Zustand andauert, desto unausweichlicher erscheint er mir. Wenn man meine Sippe betrachtet, so wird erschreckend klar, dass meine Situation erblich bedingt ist, genau wie meine Zahnfehlstellung und mein Übergewicht, und wenn man auf meine Kindheit schaut, so sieht man, dass ich den Tod immer schon spannender fand, als das Leben.

Insbesondere angesichts des katholischen Religionsunterrichts mit der stetigen Verlockung eines sogenannten Himmels. Ich begreife nicht, warum ich hier bleiben soll, wenn eine bessere Welt nur einen Schritt entfernt zu sein scheint. Irgendwann fühlt es sich unheilbar an, tödlich. Es gibt niemanden mehr, nach dem ich nicht schnappe wie ein tollwütiges Tier, dessen Anblick mir keinen Schmerz bereitet. Der Leerstand metastasiert, bald wird der erschöpfte Geist enteignet und die baufällige Hülle einem besseren Zweck zugeführt. Der Treibsand, in dem ich feststecke, ist ein gieriges Geschöpf, und er verschlingt mich immer schneller. Die meiste Zeit bin ich so müde, dass ich kaum gehen kann, und abends kann ich entweder nicht schlafen oder ich lege mich so früh es geht ins Bett, um möglichst lange meine eigene Nichtexistenz simulieren zu können.

Nur die Stunden ohne Bewusstsein sind mir noch erträglich, und wie einen bockigen WLAN-Router schalte ich mich ständig aus und wieder ein, in der Hoffnung, so das Problem, das mein Leben ist, zu beheben. Es funktioniert nie. Bald werde ich im unteren Teil der Sanduhr ankommen, meine Zeit war schon immer knapp bemessen. Das alles weiß ich mit einer Sicherheit, wie ich sie noch nie empfunden habe und auch nie wieder empfinden werde. So manche ist nicht

geschaffen für das Leben, das wird mir klar. Ich will endlich dorthin, wo ich hingehöre. Ich wünsche mir Sterbehilfe.
Ich vertraue mich anderen Mädchen an, aber was sollen sie
schon tun, auch sie sind nur Kinder und mein depressives Ge-
jammer bald leid. Ich schleiche um den gigantischen Berg
an Medikamenten, der sich auf viele Schubladen ausbreitet,
wenn der Drache in Gestalt eines Elternpaares außer Haus
und somit der Schatzbewachung nicht mächtig ist. Ich pro-
biere, mal hier, mal da, ja, das tut wohl. Innerhalb weniger
Wochen sammle ich beträchtliches Wissen zum Thema Blut-
verdünnung an, so kann ich vielleicht friedlich aus dem Leben scheiden, ohne mich so tief schneiden zu müssen, wie ich
es nicht kann. Ich bin ein Feigling, bin es immer gewesen.

Diese Flüssigkeit von der schönsten Farbe, die ich je
sah, selbst produziert, schmiere ich in einer Art Götzenritual
manchmal nachts auf das Foto eines jungen Mannes, das die
Tür meines Kleiderschranks mit den millimetergenau aufeinander gestapelten T-Shirts und Hosen darin ziert. Simon
geht in die Parallelklasse, sieht ein wenig aus wie ein junger
Russell Brand und in der verzweifelten Suche nach Sinn für
meine sterbende Existenz, habe ich mich vertrauensvoll an
ihn gewandt.

Vielleicht erweist sich meine seit Jahren gehegte Befürch-
tung als wahr. Vielleicht war es der tödliche Pilz, den ich als
Fünfjährige berührt habe, und dies sind nun die Folgen. Das
wäre schön. Eine einfache Lösung. Ich fühle mich wie ein

Geisterwesen an der Schwelle zwischen Leben und Tod, und mein einziger Wunsch ist es, vollkommen auf einer der beiden Seiten bestehen zu dürfen. Nicht mehr gespalten zu sein. Seite A kann ich mittlerweile als zu unrealistisch ausschließen, also ist die Konsequenz klar. Wenn mich jemand in einer dunklen Seitengasse mit einer Waffe bedrohte, ich würde noch provozieren. Über Straßen gehe ich meist bei rotem Ampellicht und in der Hoffnung auf schwere Krankheit schlafe ich in nasser Kleidung bei offenem Fenster. Im Schrank, ganz hinten vergraben unter Schianzügen und Dirndln, wo mein Vater sie auch am Gipfel des schönsten Aufräumexzesses nicht finden wird, liegen eine noch verschlossene Flasche Williams Birnenschnaps und eine ganze Packung Zeldox, noch übrig von einem anderen tragischen Fall. Ich habe probeweise eine genommen und war danach den restlichen Tag fast bewusstlos, kaum ansprechbar auf dem Sofa liegend. Mein Vater hatte einen lustigen Animationsfilm über ein Chamäleon eingelegt und wunderte sich, dass ich nicht lachte.

Ich kann nicht mehr lachen. Schon lange nicht mehr.

Nur Simon ist noch wichtig. Es ist nicht so, als würde ich ihn wirklich kennen. Ich habe insgesamt maximal zwei Sätze mit ihm gewechselt. Aber er verfügt über ein attraktives Äußeres, sowie die Art von Arroganz, wie sie traurige Jugendliche oftmals zu schätzen wissen, und ich wollte einfach nur, dass

irgendetwas passiert. In meiner Existenz, in der alles dunkler
geworden ist, ist auch die Farbe aus den Dingen gewichen,
wie aus meinen jungfräulich zarten Wangen.

Ein und dieselben trübseligen vierundzwanzig Stunden,
immer und immer wieder. Mein Körper und Geist dürsten
nach Veränderung, und sei sie noch so klein. Nun habe ich
also in vollem Besitz meiner geistigen und ohne Kontrolle über meine emotionalen Kräfte Simon auserkoren, neben
dem Tod, der zweite große Sinn meines Lebens zu sein, und
für ihn ist es mindestens genauso scheiße wie für mich.

Ich latent autistischer *Teenage Dirtbag* arbeite schwitzend
die Liste von Dingen ab, die man in meiner Situation anscheinend zu tun hat. Weil mir selbst kein angemessener Umgang
damit in den Sinn kommen will, informiere ich mich in Lite-
ratur und Popkultur und erhalte dort allerlei Anregungen zu
Aufmerksamkeit erregenden Fun Activities for the Depres-
sed: Ich betrinke mich auf Familienfeiern, ein oder zwei Mal
rauche ich heimlich in der Gartenhütte Zigaretten, die meine
Mutter übrig gelassen hat, als sie aufhörte. Die Zigaretten
sind mindestens halb so alt wie ich und ich schaffe es danach
zwei Stunden lang nicht, vom Boden aufzustehen.

Je mehr ich mich damit beschäftige, desto mehr verliere ich
mich in dem seit Jahrhunderten, in allen Kunstrichtungen
verwendeten Motiv des Mädchens, das den Tod liebt, eng
verwandt mit der Bonnie-und-Clyde-Symbolik, wie wir sie

alle kennen. In Momenten der größten Not denke ich an ihn, meinen geheimen Liebhaber, und wie ich jederzeit zu ihm flüchten könnte, zu dem einzigen, der mich versteht.

Ich übe mich in Selbstverstümmelung, lese pathosgetränkte Gedichte und irgendwann zitiere ich in meinem Abschiedsbrief Moritz Stiefel aus *Frühlingserwachen* von Wedekind. Selbst jetzt, knapp vor dem Eintritt ins Jenseits, bin ich noch ein intellektuell klugscheißendes Akademikermobbingopfer. Die Welt und vor allem mein Vater haben mir beigebracht, dass ich als Angehörige der oberen Mittelschicht mit liebevollen Eltern und einem Dach über dem Kopf keinerlei Anrecht auf Depression habe.

– Du hast es so gut, und dann sitzt du hier herum und schaust grantig. Andere Eltern schlagen ihre Kinder. Sei doch froh.

Diese Argumentation habe ich noch nie verstanden. Wie soll die Gewissheit, dass es andere noch schlechter haben als ich, meinen Zustand in irgendeiner Art und Weise bessern. Wenn überhaupt, dann macht es mich noch unglücklicher, in was für einem Zustand die restliche Welt ist. Schon im Kindergarten habe ich deswegen nie aufgegessen, weil die Erzieherinnen uns einbläuten, arme Kinder in Afrika würden sich über den guten Cremespinat freuen. Also habe ich beim Essen geweint und fast alles übrig gelassen, damit man meine Reste in Tupperdosen packen und nach Afrika bringen kann, zu den armen Kindern. Sowas zieht nicht bei mir.

Nach meinen Bemühungen, den Leerstand nach außen hin sichtbar zu machen, folgt also nun der Versuch, ihn zu rechtfertigen. Unglückliche Liebe, das ist doch was. Simon wird für mich zur ultimativen Thanatos-Allegorie. Ich liebe nicht ihn, ich liebe die Vorstellung, ihn zu lieben, um dadurch einen Grund für Selbsttötung zu erhalten. Ich möchte mich dauerhaft vom Leben entschuldigen lassen, aber meine Eltern sind geizig, wenn es um das Ausstellen solcher Formulare geht. Ich tue also gut daran, mich an Simon zu halten.

In jeder Pause sitze ich vor Simons Klasse auf dem Boden und starre ihn an, sobald er in Sichtweite kommt. Einmal stehle ich ein Haar von seinem achtlos über eine Sessellehne geworfenen Mantel, als meine Klasse aus Gründen des Platzmangels einmal jenes geheiligte Zimmer betritt, in dem er sich jeden Tag mehrere Stunden aufhält. Ich stecke es in einen kleinen, provisorisch selbst gefalteten Umschlag, lege es zuhause in eine Schublade und betrachte es ehrfürchtig. Eine Zeitlang versuche ich halbherzig, seine Adresse herauszufinden, gebe es aber recht schnell auf. Das Ganze ist vermutlich eine Art Versuch, meinen emotionalen Zustand in derart überspitzten Handlungen des Irrsinns darzustellen, dass er für mich selbst und für mein Umfeld greifbarer wird. Ihn zu ästhetisierten Klischees hochzustilisieren. Wenn ich mich erst einmal fühlen werde wie eine Romanfigur, dann wird alles einfacher sein, dann wird das alles nicht mehr zu mir gehören und ich werde den richtigen Umgang mit dieser beinahe majestätischen Masse an Schmerz lernen. Dieser Strategie gehe ich etwa eineinhalb Jahre lang nach.

Zwischendurch gestehe ich Simon in der großen Pause mitten am Gang auf derart unheimliche Art und Weise meine Liebe, dass sein Gesicht mitten in der Bewegung stecken bleibt. Als ich später Manuel kennenlerne, bin ich eigentlich ganz froh, endlich eine neue lebensspendende Obsession in meinem Leben zu haben, und tue fortan so, als wäre nichts geschehen. Noch Jahre später sehe ich Simon manchmal, in Graz, dieser beschissenen Kleinstadt, in der man sich nicht immer zwei Mal, sondern hundert Mal sieht. Ich überlege, mich bei ihm zu entschuldigen. Aber uns beiden ist vermutlich mehr geholfen, wenn ich sie verdränge, die Zeit, als der Leerstand begann.

Demian

Dreigroschenflittchen

Als der Leerstand schon beinahe ein Jahr andauert, begleite ich meine Eltern am Silvesterabend ins Theater. Da meine Erzeuger weder blind noch taub und schon gar nicht dumm sind, wissen sie natürlich, dass es aus sicherheitstechnischen Gründen unmöglich ist, mich an diesem Abend alleine zu lassen, und Aktivitäten mit Gleichaltrigen werden von vornherein ausgeschlossen. Also werde ich mitgeschleppt wie ein Neugeborenes, stramm eingeschlagen in eine Decke, ohne Bewegungsfreiheit, fest ans Herz gedrückt.

Eine Woche zuvor habe ich Heiligabend weinend und allein in meinem Zimmer verbracht, nachdem ich mich spontan zum Boykott des Weihnachtsfestes entschlossen hatte. Ständig renne ich weg und hoffe, jemand würde mir nachkommen, und wer das tut, wird davongejagt, sodass ich gewissermaßen selbst schuld an meinem beklagenswerten Zustand bin. Ich habe keine Kontrolle über mein eigenes Fühlen, Denken und Handeln. Unzurechnungsfähig.

Ich habe das Stück bereits gesehen und obwohl ich es für ausgezeichnet halte, missfällt mir der Gedanke, Silvester mit meinen Eltern zu verbringen, anstatt wie ein normaler Mensch mit Flaschendrehen und Eristoff Ice, also sitze ich vor der Vorstellung missmutig im Foyer des Schauspielhauses, während meine Eltern sich Sekt eingießen lassen und mir erfolglos Lachsbrötchen anzudrehen versuchen. Neben mich setzt sich ein sehr großer, sehr dünner Knabe, in einem zerknitterten Hemd und mit Schiebermütze, wie sie nur ältere arabische Herren, gescheiterte Künstler, und Teilnehmer, von Plena zu Nischenthemen linker Politik tragen.

Ich erfahre drei Dinge über ihn: Er heißt Demian, er ist siebzehn und nur in Österreich, um Blutsverwandte zu besuchen, mit denen er etwa genauso freiwillig hier den Abend verbringt, wie ich. Mit verstohlenen Blicken zu den beiden älteren Paaren, die jederzeit unsere Leinen wieder kürzer fassen könnten, diskutieren wir die an der Wand hängenden Porträtfotos einzelner Schauspieler, sowie die absolute Fehlbesetzung der Polly Peachum, trotz der insgesamt gelungenen Inszenierung. Demian scheint dabei ständig mit den Augen zu lachen, und ich möchte ihn fragen, wie er das macht, aber da beginnt schon die zweite Hälfte.

Am Ende suche ich ihn noch einmal, um mich zu verabschieden. Ich will ihn fragen:

– Demian, wo bist du? Bitte mach das nochmal, das mit den Augen, deren Farbe die erste ist, die ich seit Monaten sehe. Wie machst du das, Demian, dass ich mich innerhalb weniger Minuten wieder fühle, wie ein lebender Mensch aus Fleisch und Blut?

Als ich vor ihm stehe, würde ich ihn gerne küssen, aber ich habe keine Ahnung, wie man so etwas macht. Wir stehen hier mitten im Foyer, umgeben von Hunderten kulturinteressierter Senioren, und da kommt mein Vater von der Seite und ruft:

– Komm jetzt, wir wollen gehen, die Mama ist schon müde.

Ich hole sehr tief Luft und umarme Demian mit allem, was ich noch in mir habe, und allem, was er mir gerade gegeben hat. Dieser bedeutungslose Smalltalk zwischen zwei Teenagern war das Beste, was mir seit acht Monaten passiert ist. Ein Wunder. Demian sieht ein wenig überrascht aus und lacht, diesmal richtig, und als ich hinter meinen Eltern hinaustrete in die Nacht, in der sich die Atemwolken aller Menschen zu einer einzigen verdichten, in der Ferne die ersten verfrühten Knaller, denke ich, dass diese Begegnung für ihn vermutlich nicht halb so bedeutungsgeschwängert war, wie für mich. Was in Ordnung ist, denn er ist vermutlich auch nicht suizidal.

Eine kleine verhuschte Gruppe aus drei Menschen, dick ein-
gewickelt in schwarze Mäntel und Kummer, überquert weiten
Schrittes den Hauptplatz. Man will um Mitternacht zuhause
sein und den Donauwalzer hören, es sei ja eigentlich auch irr-
sinnig, so lange aufzubleiben, nächstes Jahr werde das nicht
mehr geschehen, einigen sich zwei von ihnen, und der dritte
Mensch erspäht im Vorbeigehen, an einer der letzten aufrecht
stehenden Punschhütten, bekannte Gesichter. Eine Gruppe la-
chender Jugendlicher, mit albernen Brillen und kleinen Hüt-
chen. Der Mensch, oder das, was von ihm übrig ist, senkt
den Kopf, um sich vor Erkenntnis durch die Mitschüler zu
bewahren.

Im Auto kann sich mein Vater kaum noch beruhigen:
  – So habe ich dich nun wirklich nicht erzogen, Lena, bei
  weitem nicht! Wie kommst du auf die Idee, es wäre auch
  nur in irgendeiner Weise angemessen, dich fremden Männern an den Hals zu schmeißen, wildfremden Männern,
  wie das letzte Flitscherl, zum Schämen ist das, wirklich,
  einfach nur geschmacklos und billig. Ekelhaft.
  – Es war doch nur eine Umarmung.
  – Ist schon gut, Lena. Jetzt lass sie doch in Ruhe, sie hat
  ja nichts getan,
fährt meine Mutter ihn an.
Mein Vater schweigt. Zwei Tage später nehme ich vor dem
Zubettgehen dreiundzwanzig Kapseln Zeldox.

Niko

Ultrabrutale Lasershow

Meine Mutter nippt an ihrem Filterkaffee, den sie nur zur Hälfte austrinken wird, um meinen nervös um die Tasse schleichenden Vater den restlichen Tag mehr oder weniger erfolgreich davon abzuhalten, das verbliebene Schluckerl wegzugießen, damit er sich endlich des schmutzigen Geschirrs entledigen kann, und hält es für einen schlechten Scherz, als meine träge Zunge ihr stammelnd erklärt, was vorgefallen ist. Nachdem sie sich mehrmals des Wahrheitsgehalts meiner zittrig vorgetragenen Aussage vergewissert hat, tätigt sie mehrere Telefonanrufe. Am Arbeitsplatz krankmelden, medizinisch bewanderte Verwandte befragen, Bekanntschaften im Krankenhaus kontaktieren. Als sich das Rettungsauto mit Blaulicht dem gelben Haus nähert, sitze ich in meiner alten Daunenjacke auf dem Beifahrersitz des mütterlichen Toyotas und denke:

– Schau sich das einer an, und sowas in unserer ruhigen

Straße, zu wem die wohl wollen?

Sie wollen zu uns. Ich werde vom Toyota in den Kranken-
wagen verfrachtet, beobachtet von meinem Vater, der mit
starrem Entsetzen unsere Abreise verfolgt, sichtlich aufge-
wühlt in seiner Gehirnmasse nach der angemessenen Reaktion wühlend.

Meine Mutter sowie ein bis zwei Zivildiener, kaum älter
als ich, beugen sich über mein blasses Antlitz und bläuen mir
wiederholt ein, auf gar keinen Fall, unter keinen Umständen,
bitte, bitte nicht einzuschlafen. Meine Mutter weint nur deswegen nicht, weil sie mich nicht in Aufruhr versetzen möchte,
was sowieso unmöglich wäre angesichts der Tatsache, dass
mein geistiger und körperlicher Zustand sich mittlerweile
höchstens noch mit dem von etwa zwei Tonnen, in flüssigem
Blei getränkter Watte, vergleichen lassen. Als Antithese zu
dem Kind, das ich bin, jammere ich, ich sei müde und wolle
dem unbedingt nachgeben, ich wolle ins Bett. Aber sie lassen
mich nicht.

Nach mehreren Stunden, in denen sich noch viele andere
Menschen über mich gebeugt haben, um meiner Schöpferin
anschließend zu versichern, es bestehe keine akute Gefahr,
die Dosis sei zu gering gewesen, und ich mich abwechselnd
ärgere über mein Versagen, sogar auf diesem Gebiet, und
weine vor Erleichterung, sitze ich vor einem Mann mittleren
Alters, mit bis auf die Nasenspitze vorgeschobener Nickel-

brille und Socken mit Norwegermuster, die einen schmalen Streifen weder von Hose noch von Strumpfwerk bedecktes ältliches Niemandslandfleisch freigeben. Ich kann meinen Blick nicht von dem vor mir wippenden Psychologenbein wenden, wie es nicht aufhören will zu federn, warum stressen mich denn alle so, warum darf ich nicht endlich schlafen, warum lässt mich denn niemand in Ruhe?

– Hast du schon einmal versucht, dir das Leben zu nehmen?

– Ich habe mehrmals überlegt, mir die Pulsadern aufzuschneiden.

– Längs oder quer?

– Quer.

– Das muss man längs machen. Sonst durchtrennt man den Musculus Palmaris Longus, und das ist nicht sehr angenehm.

Ich weiß weder mit dieser Information noch mit diesem Menschen irgendetwas anzufangen. Ich komme auf die geschützte Abteilung, was nichts weiter ist, als ein Euphemismus für geschlossene Abteilung, gebe alle spitzen und seilähnlichen Gegenstände ab und schlafe sechzehn Stunden lang. Nachts werde ich mehrmals geweckt von den beinahe animalischen Wutausbrüchen eines Mädchens in meinem Alter, das etwa zwei Drittel seines Lebens hier verbracht und sich soeben zu einem weiteren Aufenthalt eingefunden hat. Ich liege bewegungslos und flach atmend im Bett, vor Furcht erstarrt wie die Protagonistin eines billigen Horrorfilms, und warte darauf, dass die Zimmertür eingetreten wird und das Mädchen sich blind vor Zorn auf mich stürzt. Aber glücklicherweise steht im Nebenzimmer eine gepolsterte Liege, und die daran befestigten Ledergurte sind stabil genug, um auch den von eineinhalb Jahrzehnten ständiger Sedierung aufgequollenen Körper der randalierenden Mitpatientin zu halten. Irgendwann ist es auf einmal still und ich höre Stimmen auf dem Gang von einer Spritze reden. Ich will zu meiner Mama.

Während meines neunzehn Tage dauernden Aufenthaltes durchlaufe ich mehrere verschiedene Formen der Therapie, die, wie sich nach kurzer Zeit herausstellt, nach dem Zufallsprinzip den einzelnen Patientiennen und Patienten zugeteilt werden. Wesentliche Bestandteile davon umfassen unter anderem den Kreativraum, in dem man zwischen Zeichnen, Keramik und Window Color auswählen kann. Da ich mich trotz der künstlerisch wertvollen Erziehung meiner Mutter für mehr als unbegabt in den ersten beiden Kategorien halte, schließe ich mich der Mehrheit an und fabriziere ein ums andere pickige Plastikgemälde, um das Tageslicht daran zu hindern, auch noch durch die letzten verbliebenen Lücken an den Fenstern einzudringen.

An Tag siebzehn schreibe ich mit der Plastikflasche in meiner Hand ICH HASSE WINDOW COLOR auf die vor mir liegende Klarsichthülle, woraufhin mich die Sozialarbei-

terin als Arschloch bezeichnet. Insgeheim nenne ich sie Aso-
zialarbeiterin. Schon nach wenigen Tagen, die ich im wachen
Zustand verbringe, wird meine Rolle als letztes Glied der
Nahrungskette einmal mehr mir selbst und allen Umstehenden offensichtlich. In einem Bundesland, in dem es weit und
breit an stationären Psychiatrieplätzen für Jugendliche fehlt,
kommen fast ausschließlich sogenannte Härtefälle hierher,
um mir Gesellschaft zu leisten. Ein Mädchen erzählt mir in
der ersten Minute unseres Gespräches stolz, sie habe neulich
versucht, ihre Großmutter, von der sie genervt sei, weil sie
immerzu weine, vor einen Zug zu schubsen, aber die Fotze
habe sich einfach nicht töten lassen. Eine andere erzählt im
Gegenzug, ihre Mutter habe mehrmals versucht sie zu er-
drosseln, und ich denke, dass ich das auf keinen Fall meinen
Eltern erzählen darf, denn dann werde ich mir wieder was
anhören können, von wegen wie gut ich es doch habe.

Ein Junge reißt regelmäßig brüllend den rechten Arm hoch
und versucht einmal, den Fernseher, auf dem in der therapie-
freien Zeit zwölf Stunden pro Tag RTL II läuft, zu zertrüm-
mern. Eine andere Patientin erklärt mir mit stolz geschwell-
ter Brust, sie sei schon neun Monate hier, man würde sie für
einen besonders schwierigen Fall halten. Sie muss regelmäßig von mehreren Pflegern mit aller aufbringbarer physischer
Kraft zurück in die geschützte Abteilung gebracht werden,
wobei sie unter wüsten Unmutsbekundungen um sich zu tre-

71

ten, schlagen und beißen pflegt. Jedes einzelne Mal, wenn ich eine solche Szene beobachte, kann ich die billige Klischeehaftigkeit dahinter kaum fassen. Wäre dies ein Film, würde ihn niemand für glaubhaft halten.

Den Höhepunkt meiner Irritation erreiche ich auf dem Weg zu einer Untersuchung in einem anderen Gebäude der Einrichtung, eskortiert von einer lächelnden Pflegerin mit toupiertem Haar und dem bläulich angelaufenen Porträt eines Leoparden auf ihrem Dekolleté. Ein Junge im Teenageralter, dicklich, mit dem Gesicht eines viel jüngeren Menschen, der barfuß und nur mit einem hinten offenen Nachthemd bekleidet in einem kleinen, umzäunten Bereich auf und ab läuft. Sein Blick geht geradeaus, ins Leere, aus seinem Mund tropft Speichel auf die mit Raureif bedeckten Waschbetonplatten unter ihm, beide Arme hat er nach vorne ausgestreckt wie ein Zombie. Um ihn herum sitzen mehrere Männer in weißen Polohemden und wechseln sich mit Lachen und scherzenden Zurufen ab. Im Nachhinein ist es schwierig, zu sagen, ob es sich dabei um die Realität oder eine Halluzination meines noch nicht richtig auf Medikamente eingestellten Hirns handelte. Aber in Anbetracht der beiden Frauen, die sich aus einem Fenster im dritten Stock des Gebäudes daneben beugen und mit Stimmen wie Banshees *Von den blauen Bergen kommen wir* singen, ist es eine Beobachtung, die sich nahtlos in ein größeres Bild einfügt und sich in mein Gedächtnis einbrennt wie Elektroschocks in Nervenbahnen.

In der Gruppentherapie sollen wir ein skizzenhaftes Selbst-
porträt als Baum anfertigen. Eine Metapher gewissermaßen,
wobei die Neunmonatsfrau, der schwierige Fall, ein dem strö-
menden Regen ausgesetztes Exemplar präsentiert, mit einem
Loch in der Mitte. Als sie erklärt, dort sei normalerweise das
Herz, sie aber habe keines, und stolz ihre Narben an beiden
Armen zeigt, die aussehen, als hätte man sie mit einer Axt
malträtiert, kann mein pseudointellektuelles Streberinnenhirn
nicht anders, als sie darauf hinzuweisen, Bäume würden in
der Regel generell über kein Herz verfügen, zumindest nicht,
wenn man von einer anthropozentrischen Definition des Wortes Herz ausgehe. Ich hätte mir genauso gut ein Post-It mit
der Aufschrift MOBBE MICH auf die Stirn kleben können.

Gerade, als mir einerseits dämmert, dass meine durch über-
mäßigen Konsum schundhafter Jugendliteratur romantisch
verklärte Sichtweise auf psychiatrische Einrichtungen in
keinster Weise der Realität entspricht und ich trotz der wie-
derholten Aussagen meiner Mitschüler, ich sei irre und gehö-
re in die Klapse, in der grauenhaften Abenteuerlichkeit meines Zustandes nicht wirklich mit dem meiner Mithäftlinge
mithalten kann, habe ich eine Erscheinung:
   Auf dem Rückweg von der Toilette zu meinem überbe-
legten Vierbettzimmer strahlt mir mit einer Helligkeit, der ich
erst Jahre später im Wurstelprater in der Lasershow wieder
begegnen werde, jemand entgegen. Ein drahtiger, braun ge-

brannter Bursche mit Haaren, so schwarz, dass ihre eigent-
liche Beschaffenheit kaum noch zu erkennen ist. Er unterhält
sich angeregt mit der Omaschubserin, lacht laut auf und in
dem Moment dreht er sich zu mir um. Seine Augen sind so
hell, dass sie mehr weiß als blau erscheinen, eingebettet in die
dunkelsten und tiefsten Ringe, die ich je an einem menschlichen Wesen gesehen habe. Alles an ihm scheint so dunkel
zu sein, dass es einen aufsaugt wie ein Uterus voller Ketamin,
und gleichzeitig so gleißend hell, dass keine Ecke, keine Rit-
ze verborgen bleiben kann. Dieser Mann ist personifiziertes
UV-Licht. Durch ihn sieht man auf einmal alle Flecken, allen
Dreck, aber auch alles Helle, das noch übrig geblieben ist. Er
trägt ein gemustertes Bandana um den Kopf, wie es gerade
Mode ist, außerdem ein T-Shirt mit einem stark bekifft aussehenden Super Mario darauf, das er mir sieben Jahre später
feierlich überreichen wird, als ewige Erinnerung an den Tag,
als sich alles änderte.

Dieser Mann wird von einer Sekunde auf die andere es-
sentieller Bestandteil meines Lebens. Niko ist der Einzige in
der ganzen Klinik, der allen Charakteren hier gleichermaßen
freundlich und offen zu begegnen scheint – außer dem offensichtlich psychotischen Nazijungen, den er einfach ignoriert,
aber alles andere wäre auch inakzeptabel. Obwohl er selbst
Patient hier ist, kann sich niemand des Eindrucks erwehren,
Niko leiste hier bessere psychologische Unterstützung als
das in jahrelangem Studium darauf vorbereitete Fachperso-

nal. Auch Niko ist traurig, auch Niko will nicht mehr leben und schneidet sich die Arme auf, aber in Gegenwart anderer Hilfsbedürftiger scheint er auf mysteriöse Art zu erstarken, andere über sich selbst zu priorisieren. Im Gegensatz zu mir, die sich kaum noch aus dem Zimmer heraustraut, aus ständiger Scheu vor Ärger, egal mit wem, fürchtet Niko hier nichts und niemanden, ist ohne jegliches Urteil und reagiert auf alles und jeden zumindest mit einem freundlichen Nicken und Nachfragen zur Situation.

Im Übrigen hat Niko heimlich ein iPad ins Gebäude geschmuggelt, was ihn natürlich noch begehrenswerter für mich macht, denn dadurch muss er es nicht bei der Stationsleitung abgeben und kann es länger als die vorgegebenen zwei Stunden pro Tag benutzen, wenn er nur genügend aufpasst. Bildschirmzeit mit Bad Boys, damit kriegt man mich immer. Auf dem iPad befinden sich eine kleine Sammlung an Nischenpornos (Schweinemasken, Clowns, Sachsen) sowie der Filmklassiker *Der Zauberer von Oz* von 1939. Beides konsumieren wir eher ironisch als aus wirklichem Interesse, das tut dem Unterhaltungsfaktor aber keinerlei Abbruch. In den nächsten Jahren werden Niko und ich lernen, uns und die Welt nur in absoluten Ausnahmesituationen ernst zu nehmen, ansonsten nähern wir uns unserem Umfeld fast immer ironisch. Eine perfekte Überlebensstrategie. Als wir alle Filme durchgesehen haben, machen wir uns über das fast ausschließlich aus vergilbten Johannes Mario Simmel-Romanen und sonstigem

Bodensatz literarischen Könnens bestehende Bücherregal her. Das einzig Interessante, was wir darin finden, ist eine Bibel, aus der wir in stundenlanger Kleinarbeit die schweinischsten Stellen heraussuchen, um sie mit der Stimme von Coldmirror vorzulesen (die Niko täuschend echt imitiert).

Egal, was Niko gerade tut, man wird ruhig in seiner Gegenwart, wie ein Welpe, der dem Herzschlag der Mutter lauscht. Niko sammelt kleine Wesen ein, die von ihren Besitzern verstoßen wurden, und heilt sie. Er ist der Messias vom LSF.

Als ich etwa eine Woche nach unserer ersten Begegnung aus einer der einem arbiträr gezogenen binären Geschlechtersystem angepassten Toilettenkabinen komme und überlege, ob das soeben Vollbrachte die Anstrengung des Händewaschens wert wäre, verlässt er gerade die andere Zelle, und für einen Moment stehen wir uns im Licht, das durch das Milchglasfenster auf den Laminatboden fällt, elegant gestreift von den Schatten der Gitterstäbe außen und von der klaren Kühle eines Wintertages, gegenüber, wie ein Paar in einer Kirche. Gerade, als ich zu einem gehauchten

– Ja, ich will,

ansetze, sagt er:

– Warum siehst du mich denn so an?

Er dreht sich zum Waschbecken und ich muss mir aus Gründen des Peer Pressure jetzt wirklich die Hände reinigen, eine weitere sinnlose und erschöpfende Tätigkeit, die nicht ansatzweise so viel Spaß macht, wie Flucht zu meinem Geliebten, dem Tod.

Nach unserer Entlassung schreiben Niko und ich uns gelegentlich SMS. Wie das Klischee eines jungen Mädchens, das einen neuen Thanatos zum Lieben gefunden hat, liege ich stundenlang bäuchlings auf dem Bett. Das Kinn in die rechte Hand gestützt, tippe ich auf dem Handy und trete mit den Beinen verträumt in die Luft. Wie das Klischee, das ich bin.

Diesmal aber dient die Romantik nicht als Grund für Tod. Sie dient als Motivation zum Leben.

Als ich irgendwann als die letzte Person auf der Welt begreife, dass körperlicher Liebe Nikos mangelndes sexuelles Interesse an Frauen im Weg steht, macht mich das nicht so unglücklich, wie ich gedacht hätte, weil es im Endeffekt auch nichts ändert. Niko ist immer da.

Zuerst nur am Telefon, aber sobald wir unsere Dörfer verlassen, in Richtung des Nächstbesten, was man Stadt nennen kann, sehen wir uns regelmäßig persönlich. In Graz, dieser Ursuppe der Beschränktheit, beginnen wir ausgedehnte Nachmittage auf seiner Veranda, in denen wir die Funde des jeweils anderen in den gängigen Dating-Apps kommentieren, begleitet von einer kleinen schwarzen Holzpfeife und der Zeitschrift *Adel aktuell*.

Ich erzähle ihm vor Aufregung zitternd auf einer Decke im Burggarten von Stefan, ich lerne Jan und Jonathan durch ihn kennen und weine, bis es sich anfühlt, als würde das Salzwasser meine Wangen wegätzen, sodass man durch ein Loch in meinen Mund hineinsehen kann. Ich fülle die Luft von Nikos Wohnung mit parfumgetränkten Liebesschwüren an Alex und Adam,

> – Eines muss ich dir noch erzählen, was er neulich gemacht hat, er ist so toll!,

und frage ihn auf seinem von Nikotin gelb angelaufenen schwarz-weißen Ikeazweisitzer um Rat, wenn ich die Grenzen meines eigenen Körpers weder zu kennen, noch zu verteidigen vermag.

Selbstverständlich ist das alles schlimm. Selbstverständlich fühle ich mich so oft, als würde ich sterben, dass ich irgendwann vor Erschöpfung zusammenbrechen will, des ewigen Kampfes müde. Aber der Unterschied zu früher ist: Ich weiß, dass es vorbeigehen wird. Ich habe jemanden, der es mir immer wieder vorspricht, wie ein Mantra der rationalen Emotionsverarbeitung. Dass der Schmerz manchmal stärker ist, manchmal schwächer, wie ein Fieber, aber dass es vorbeigeht, dass es nicht das Ende der Welt ist. Da ist jemand, der genau weiß, wie ich mich fühle. Er kennt eine Mischung aus Shrek-Memes, Realityshows und Glam Rock, die jeden Schmerz auf der Welt vergessen macht. Mit dieser Medizin verarzten wir uns gegenseitig und passen aufeinander auf, sodass keiner von uns dauerhaft aus dem Leben scheiden

muss. Man muss nur lange genug Witze machen, dann wird
es schnell besser.

Wie Spiegelbilder bewegen wir uns synchron. Erst zu
irgendwas mit Kunst, dann nach Wien, nacheinander. Niko
führt und ich folge ihm vollkommen selbstverständlich, bis
sich immer mehr Polaroids ansammeln von dem Leben,
das wir beide nie geführt hätten, hätte die Tablettendosis
damals gereicht. Diese Polaroids zeigen Darkrooms, After-
hours, Abende, über die man später gar nicht mehr oder viel
zu viel spricht. Dinge, die wir nur geschehen lassen, um auf
der nächsten Party eine gute Story erzählen zu können, auf
unseren Köpfen Burger-King-Kronen von abenteuerlichen
Ausflügen mit roten Augen und trockenem Mund. All diese Erlebnisse hängen, mit Blitz und Genauigkeit auf Bildern
festgehalten, über dem Sofa und verscheuchen den Leerstand
zumindest für die Dauer meines Aufenthalts in Nikos Zimmer. Es ist der ultimative Safe Space. Wir sitzen hier, bis die
Sitzpölster Mulden in Form unserer Ärsche bekommen, hören David Bowie auf Platte und mit jedem Wort, das wir über
Jahre hinweg miteinander sprechen, heilen wir ein bisschen
mehr, haben wir einen Grund mehr, nicht zu sterben. Gegen-
seitige Rettung, immer wieder.

Noch nie habe ich mich vor einem Menschen so wenig
geschämt wie vor ihm, was ich in Anbetracht der Tatsache,
dass ich mich sogar in der Psychiatrie mobben lasse, für einen
nicht unbeträchtlichen Schritt halte.

Niko könnte mir mit Erbrochenem, Urin und Diarrhö beschmierte Hämorrhoiden mit einem Stanleymesser vom Anus säbeln, während ich ein Minionkostüm trage, und ich würde mich dabei wohler fühlen als an einem durchschnittlichen Morgen, in dem ich in der U1 dissoziiere.

Niko kann jederzeit ein bis zwei Nieren von mir haben, große Mengen an Geld oder mehrere Kinder, die als direkte Folge der Vermischung unserer beiden toxischen Erbgüter nicht über einen einzigen Tropfen Serotonin verfügen und sich innerhalb weniger Jahre in den Abgrund stürzen würden, wie Lemminge.

Wäre Niko ein Guru, wäre ich sein Kult, wäre ich Österreich, wäre Niko Faschismus.
Niko ist der Jörg Haider zu meinem Stefan Petzner.
Mein Lebensmensch.
Unironisch.

Manuel

Gallert und Glitzer

Mit sechzehn Jahren sind meine beiden Hauptbeschäftigungen Sitzen und Schauen. Ich tue sonst nicht viel. Ich sitze. Ich schaue. Verweile reglos im Ledersessel meines Vaters und lese. Stehe auf und starre aus dem Fenster.

Manchmal blitzt in mir die kleine Hoffnung auf, es könnte etwas passieren. Aber es passiert nichts. Nie. Die holprige Straße verschwindet im Wald, der sie von allen Seiten verschlingt wie ein geduldiger Krake, das Nachbarhaus gibt sich jeden Tag weiter dem Verfall hin, über dem Maisfeld gegenüber sammelt sich ein Schwarm Krähen.

Als ich in der Psychiatrie war, hat meine Mutter mir so viele neue Kleider gekauft, wie ich wollte, sie hat mich im Arm gehalten, wie die Jungfrau Maria den toten Jesus. Mein Vater hat jedes Mal gezögert, bevor er etwas sagte, was mich verletzen könnte, er hat mich steif umarmt, er hat mich gefragt, wie es mir geht. Meine Eltern verarbeiten den größten Schock ihre Lebens und geben sich redliche Mühe, es nie wieder so weit kommen zu lassen mit mir, aber die Problematik, um die es hier geht, bezieht sich nicht auf einzelnes Tun oder Lassen. Sie ist systematisch und tief mit diesem Ort und seinen Bewohnern verwoben, eine Eigenart, für die niemand etwas kann und die man niemals wird auslöschen können, ohne alles Gute mitzureißen. Nach meiner Entlassung aus der Psychiatrie dachten wir, es würde besser werden, aber das kann es gar nicht.

Im Haus meiner Eltern verstreicht die Zeit so langsam, dass sie mit dem eigentlichen Konzept Zeit kaum noch etwas zu tun hat. Wie durch milchig graues Gallert waten wir durch die in den Dutzenden Zimmern bis knapp unter die Decke stehende Stundenmasse, und bevor die einzelnen Minuten ganz vergangen sind, sind doppelt so viele bei der Tür, dem Kamin, dem Fenster hereingespült worden, sodass immer unmöglicher erscheint, voranzukommen. Während ich mich täglich wundere, wie mein Vater immer noch neue Dinge kaufen kann, wo hier doch vor lauter Zeit gar kein Platz mehr ist, dringt das Gallert durch meinen geöffneten Mund in mich ein und manifestiert meinen Leerstand endgültig, wird ihm zum willkommenen Komplizen. Ich bin von innen ausgegossen mit Langeweile wie ein Gefolterter mit flüssigem Blei, jeder Kubikmillimeter wird besetzt und lässt keinen Platz für irgendetwas Anderes. Langsames Ertrinken.

Wie die Prinzessin im klassischen Märchen, schreite ich schweigend durch leere Zimmer, betrachte meinen Besitz, tue nichts Unrechtes. Lasse keinen Kratzer in den Lack kommen. Die anderen Mädchen in meiner Klasse haben nach dem Wochenende unglaubliche Geschichten zu erzählen, von Models, mit denen man Speichel getauscht, von Türstehern, die man bestochen und Schlüsseln, die man vergessen hatte, sodass im Morgengrauen die tadelnden Eltern herausgeklingelt werden mussten. Danach planen sie während der ersten Stunde am Montagmorgen das nächste Wochenende.

Ich beteilige mich nicht an ihren Gesprächen. Es hätte keinen Sinn. Die Tochter meiner Eltern hat nächtliche Fortgänge zu unterlassen, ebenso wie den Konsum sämtlicher legaler und illegaler Rauschmittel. Sie schmeißt sich weder Männlein noch Weiblein an den Hals, hat nur Augen für mathematische Formeln und Abgabefristen von Portfolios, und der Erfolg lohnt ihr die Keuschheit. Die besten Noten nur bringt sie Vater und Mutter heim, die sie ehrt und liebt, wie es sich gehört, sie ist unauffällig, doch immer fröhlich und wird einmal Biotechnologie studieren. In bestimmten Fällen werden nachmittägliche Treffen mit Freundinnen gestattet, jedoch durch geringes Budget in ihren Optionen stark eingegrenzt. Einmal will mein Vater mir mehrere abendliche Theatergänge verbieten, die im Rahmen des Unterrichts stattfinden sollen, da er grauenhafte Folgen für meine gute Erziehung fürchtet, sollte ich mich nach einundzwanzig Uhr noch draußen bewegen. Sein Kulturverbot lässt sich nur von der schwarz drohenden Gewitterwolke des potenziell daraus resultierenden schulischen Misserfolgs abschrecken.

Als ich sich mein Leben erneut zum Plot des Romans *The Virgin Suicides* von Jeffrey Eugenides zu verwandeln droht und ich mir sicher bin, demnächst vollends unter der elterlichen Fürsorge zu ersticken (eigentlich eine frühe Auslegung der Phrase „Choke me, Daddy"), wühle ich mich mittels eines Telefongesprächs aus meinem abgestandenen, bräunlich glänzendem Gallertpalast heraus, in dem ich schon beinahe gänzlich feststecke wie ein Insekt, das mein Vater mit einer Lupe zu betrachten und zu kategorisieren liebt, ganz so, wie wir beide es früher gemacht haben.

Meine beste Freundin ist bereit zu helfen, die gute Seele. Sie war im Grunde genommen immer schon der liebste Mensch der Welt, seit absurd vielen Jahren. Ihr Freund – es ist ihr erster Freund – mit dem sie seit einem Jahr zusammen ist, hat einen Mitbewohner, Manuel.

Beide sind in unserem Alter und aus unerfindlichen Gründen lassen ihre Eltern sie ohne Aufsicht leben, in einer Wohnung direkt am Bahnhof, wo das Rattern der Züge an Gleis eins einen tagaus, tagein begleitet wie der im Hintergrund dudelnde Soundtrack eines Abenteuerfilms. Mit diesen beiden jungen Männern werden wir ausgehen.

Ich werde bei Sandra übernachten, aufgrund der schon

seit geraumer Zeit auch zwischen den Eltern bestehenden guten Bekanntschaft werden die meinigen nichts dagegen einzuwenden haben, und den Teil mit dem jugendlichen Leichtsinn in Form von Diskotheken oder dergleichen werden sie gar nicht erst mitbekommen.Ich kaufe mir bei H&M eigens für diesen Anlass ein mit blauen Pailletten überzogenes Kleid, und als ich im Zimmer meiner besten Freundin stehe und mich im Spiegel betrachte, sehe ich aus wie eine Figur aus *Skins*. Meine Begleitung findet das Kleid übertrieben und will es mir in guter Absicht ausreden, aber ich bestehe darauf. Sie versteht das nicht. Sie darf öfter ausgehen, regelmäßig darf sie den Glanz aus ihrem Herzen entlassen.

Bei mir ist es anders. Meine Drüsen produzieren so viel Aufregung, soviel Gier nach allem, die unbefriedigt in mir vor sich hin schimmelt, als weiterer Baustein meines stinkenden Sülzekäfigs. Die Sehnsucht nach etwas, das glitzert, hat sich seit Jahren angestaut und wird sich heute Abend in einem spektakulären Befreiungsschlag Bahn brechen, endlich. Und man soll sie mir von außen ansehen, die Sehnsucht. Ich bin überzogen mit dem Glitzer, den ich mir von innen so sehr wünsche.

Manuel ist groß, schlaksig, ein bisschen sieht er aus wie der Teenager bei den *Simpsons*, der immer abwechselnd im Kino und bei Krusty Burger arbeitet. Ein freundliches Klischee. Meine Freundin hatte ursprünglich den Plan, uns zu verkuppeln, aber ich wollte nicht, und nun hat er sowieso eine Freundin, in der Berufsschule, seit einigen Wochen.

Nun sitzen wir also wie in einem Amateurporno auf einem abgewetzten schwarzen Sofa und man reicht mir ein Getränk, das so zufällig zusammengestellt wirkt wie alles an diesem Ort. Pflaumenwein und Whisky und Pfirsichsaft und noch irgendwas, die Computer hier haben mehrere Bildschirme, die Toilette keine Bürste und von einem Bild an der Wand lächelt Charlie Sheen auf die Belanglosigkeiten, die wir austauschen, als wir uns schließlich auf den Weg machen, zur Tür hinaus, in den *Teenage Dream* hinein.

In einem Lokal, in dem sie nie nach dem Ausweis fragen, drängen wir uns schließlich zu viert um einen Aluminiumtisch, dessen Oberfläche so sehr klebt, dass man alle Muskeln anspannen muss, um eine darauf abgelegte Hand zu heben. Wir sind die einzigen Gäste im Licht der mit jedem Blinken die Farbe wechselnden LED-Leisten, die einzigen, die diesen magischen Moment erleben. Denn heute ist Mexiko-Aktionsabend, ein Tequila-Shot ein Euro, sagt der Kellner, und Sandras Freund reicht ihm wortlos einen Fünfziger. Er ist ein klein gewachsenes Scheidungskind mit schlechten Noten und muss das irgendwie ausgleichen. Der Alkohol brennt in meiner Brust und die Orangen sind so sauer, dass ich bei jedem Glas meinen Würgereiz unterdrücken muss, aber das ist zumindest eine gute Übung. Wenigstens irgendein Gefühl. Wo Schmerz und Kotzen ist, da ist zumindest keine Langeweile.

Manuel sitzt neben mir und schreibt seiner Freundin. Sie ist eifersüchtig, sie denkt immer, er betrügt sie, aber das würde er nie tun, erzählt er mir, und ich lobe seine Einstellung. Wir sind beim siebten Glas oder beim zehnten oder zwanzigsten, wer weiß das schon, als ich ihn höflich darauf hinweise, dass man sich beim Anstoßen gefälligst gegenseitig in die traurigen Kuhaugen zu schauen habe, und das tun wir. Dann lachen wir solange, bis unsere Gesichter aussehen wie die Sorte Emojis, die nur Boomer benutzen, und dann quellen uns die Zungen aus den Mündern, wie der Schaumstoff aus der mit Kunstleder überzogenen Bank unter uns, hinein in den Mund des Gegenübers.

Später stehen wir auf dem von Staub und Speibe beinahe vollständig überzogenen Univiertel-Gehsteig und meine beste Freundin samt Boyfriend, die bisher selbst zu beschäftigt mit Knutschen waren, begreifen erst jetzt den Ernst der Lage. Sie versucht, sich das Entsetzen in ihren Augen nicht anmerken zu lassen, ihr Freund ist der Ansicht, Manuel könne schon mal ein bisschen Spaß haben, seine Oide ist ja nicht da und was sie nicht weiß, macht sie nicht heiß. Manuel kauft mir vorm PPC eine Rose als Trost, weil der Club heute geschlossen hat, und ich ziehe meine Schuhe mit dem Keilabsatz aus und renne quietschend quer über den Lendplatz. Damit die angestaute Sehnsucht besser durch meinen Körper zirkulieren kann und nicht klumpt, wenn sie jetzt schon einmal die Gelegenheit hat, mir bei allen Löchern rauszulaufen.

Die Februarkälte an meinen Füßen tut nicht weh.

Als wir mangels besserer Optionen wieder in der Wohnung mit dem lächelnden Mr. Sheen sitzen, frage ich Manuel, ob er in sein Zimmer gehen möchte. Ich will ihn weiter küssen. Meine beste Freundin sieht mich von der Seite an, aber da hat Manuel mich schon falsch verstanden und hält ein Kondom hoch, zaghaft meine Reaktion prüfend. Es ist dieselbe Marke wie die, die uns damals die Sozialarbeiterin in der Schule gegeben hat, und ich denke mit Entschlossenheit an alle, die gesagt haben, ich würde niemals Sex haben, ich würde als alte Jungfer enden, so hässlich, wie ich bin, und beschließe, dass ich es jetzt allen zeigen werde, indem ich konsequent und todesmutig den wichtigsten Punkt auf meiner Bucket-List abhake, der mittlerweile Sex ist, wenn das mit dem Tod schon nicht geklappt hat.

Eindringlich flüstert meine Beraterin mir zu, ich soll das nicht tun, aber wann sich die Schleuse das nächste Mal öffnen wird, damit ich meine muffig gewordenen Eingeweide lüften kann, wann der Glitzer wieder da sein wird, das weiß sie nicht, und das weiß ich eben auch nicht. Wann so eine, als Missverständnis getarnte Gelegenheit, wieder kommt.

– Carpe diem,

sagt mein Vater immer.

Manuel hat das noch nie gemacht und ich natürlich sowieso nicht. Das Bett ist schmal, die Nacht ist dunkel, wir sind schüchtern.

Das Bett ist schüchtern, die Nacht schmal, wir dunkel. Bett dunkel, Nacht schüchtern, wir schmal. Es fühlt sich robotisch an, gezwungen und trotz unserer Vollfett'n sehr nüchtern, wie ein Arztbesuch. Meine beste Freundin klopft die ganze Zeit an die Tür und schreit, dass ich betrunken bin und nicht weiß, was ich tue. Aber es ist okay. Das sage ich ihr. Ich möchte das tun. Es muss sein. Es geht gar nicht anders. Um halb zwei verabschieden wir uns mit flüchtigen Umarmungen und wir liegen pünktlich in ihrem Jugendzimmer mit den Einbauschränken auf dem Rücken und schauen an die dunkle Decke, gerade so, wie ich es bis vor einer halben Stunde noch getan habe, nur eben mit einem anderen Menschen auf mir. Sie in ihrem Bett, ich auf der Luftmatratze. Wir schweigen.

Einen Monat später endet Manuels Beziehung mit dem Mädchen aus der Berufsschule zeitgleich mit dem Aufenthalt in ebenjener, wie ich über mehrere Umwege erfahre. Ich sage meinen Eltern, ich wolle am Nachmittag irgendjemanden besuchen, vielleicht Sandra, und im 13:35-Uhr-Bus zum Hauptbahnhof knete ich nervös meine Finger, gespannt auf ein Wiedersehen mit jemandem, von dem ich seit Wochen nichts gehört habe, der mich absolut nicht kennt und doch in gewisser Weise besser als jeder andere.

Manuel und ich konsumieren Heißgetränke, der Zugehörigkeit zu unseren jeweiligen gesellschaftlichen Schichten entsprechend, er Kaffee und ich Chai Latte mit Mandelmilch, und die Stille zwischen uns ist so awkward, dass es keine Worte mehr dafür gibt. Also gehen wir in seine Wohnung und tun das, was sich bewährt hat, was wir erwiesenermaßen beherrschen. Das Spiel ist leichter als die Sprache, das wusste schon mein Vater. Wir küssen uns auf dem Bett, in dem wir versucht haben, gemeinsam erwachsen zu werden, und ich bin Manuel unendlich dankbar dafür, dass er mich okay genug findet, um sich meines Körpers zu bemächtigen. Dass er sich überhaupt mit einer wie mir abgibt, einer armen Irren, die gefühlt nichts als ein Geist ist und beinahe wirklich einer geworden wäre. Ich beschließe also, ihm etwas zu schenken, etwas, von dem ich weiß, dass es ihm gefallen wird, denn Menschen, die mich nicht scheiße behandeln, bin ich meiner Ansicht nach zumindest den Anblick meines nackten Körpers schuldig. Erst nach ein paar Stunden zieht sich das Tageslicht auf meinen Brüsten zurück und ich mir den BH an, um in den Gallertpalast zurückzukehren.

Wir treffen uns noch einmal und haben wieder nichts anderes im Sinn, als uns die Zungen in den Hals zu schieben und uns anzugrabschen. Dann sind wir zusammen, denn das ist offensichtlich die logische Folge von mehreren solcher Begegnungen.

Die nächsten zwei Jahre, einen Monat und sechzehn Tage verbringen Manuel und ich damit, uns gegenseitig über die vollkommene Zufälligkeit unserer Beziehung hinwegzutäuschen. Wir haben uns nicht aufgrund unserer herausragenden menschlichen Qualitäten ineinander verliebt, nicht, weil wir viel gemeinsam hätten, und nicht, weil es Liebe auf den ersten Blick war. Sondern einfach, weil nichts Anderes da war. In der Not frisst der Teufel Fliegen, wir sind zwei durchschnittlich attraktive, überdurchschnittlich verzweifelte Teenager, die niemand sonst wollte und die verdammt noch mal endlich ficken wollten, und wenn es nur resteficken war. Anschließend Restebeziehung.

Es ist geradezu absurd, wie wenig wir zusammenpassen. Ich verbringe einen großen Teil meiner Zeit mit Weinen, bin Vegetarierin und wohne bei meinen Eltern. Manuel muss in seinem zweiten Lehrjahr viel arbeiten, er hegt eine Leidenschaft für tiefgefrorene Chicken Nuggets von S-Budget und Ego-Shooter, bewegt sich viel in 4chan-Foren und isst in der Öffentlichkeit ausschließlich Schokoladeneis, obwohl ihm eigentlich nur Erdbeereis schmeckt, aus Angst, man könnte ihn für schwul halten, wenn man ihn mit etwas Rosarotem in der Hand erwischt. Abgesehen davon aber ist er beinahe völlig frei, vor allem vom Einfluss irgendwelcher Eltern. Er hat nur einen Mitbewohner, der jeden Tag ein neues Projekt hat, wie eigenen Skittleswodka herstellen, Marihuana anbauen oder Chinchillas züchten, und versteht die Schwierigkeiten nicht, die mein Leben ausmachen.

Die ersten Wochen halten meine Mutter und ich die Existenz des Verehrers vor meinem Vater geheim, und als er es schließlich doch erfährt, scheint etwas in ihm zu sterben. Als mich Manuel irgendwann durch den Wald nachhause bringt, er der Wolf, ich Rotkäppchen, mit den dreckigen Knien, bittet meine Mutter ihn herein. Er betritt das Wohnzimmer, in dem mein Vater gerade bügelt, streckt ihm die Hand entgegen, und sagt mit zitternder Stimme:

– Grüß Gott.

Und mein Vater, das heiße Bügeleisen noch erhoben, wird zu einer Art Mahnmal seiner gescheiterten Erziehung und meines Verrats an ihm, dem ältesten Freund, den ich habe. Er blickt zuerst stumm auf das ihm entgegenstreckte Körperteil, als wäre es der Fühler eines Ekel erregenden Insekts, dann sieht er Manuel in die Augen und sagt:

– Auf Wiedersehen.

Manchmal entfällt die letzte Stunde und Manuel und ich treffen uns in seiner Mittagspause bei ihm zuhause, um das Erwachsensein zu üben, meist erfolglos. Es macht mir keinen Spaß und danach bin ich oft traurig und mein Körper tut weh, aber ich sage mir, dass es nun einmal sein muss, dass ich mich schließlich irgendwie dafür bedanken muss, dass er es mit mir aushält. Übung macht den Meister und Manuel glücklich, und ich sage ihm, dass er mich nicht ansehen soll, wenn ich weine, dass er es ignorieren soll. Wie die meisten Frauen wurde ich dazu erzogen, höflich zu sein und keine Umstände zu machen. Der Spaß anderer Menschen ist mir so, so viel mehr wert als meine eigene psychische und physische Unversehrtheit, auch später noch als Erwachsene.

Die Tatsache, dass es jemanden auf dieser Welt gibt, der mit mir zusammen sein möchte, grenzt an ein Wunder. Ich bin kaputt, ich bin gebrochen, ein Scherbenhaufen, eine arme Irre, das weiß ich ja. Manchmal sitzen wir unschuldig bei Subway und Manuel beißt in sein Weißbrot mit doppelt Fleisch und Mayonnaise, und wie von einem plötzlichen, grundlosen Brechreiz übermannt, muss ich auf der Toilette verschwinden und alles rauslassen, mich erst ein paar Minuten ausweinen, bevor ich wieder zu ihm zurückkehren kann.

Jede Person, die meine Anwesenheit erträgt, muss mit allen mir zur Verfügung stehenden Mitteln belohnt werden. Eine Beziehung mit mir ist schon Opfer genug, denn ich bin ohne jeden Wert. Manuel ist das einzig Schöne an mir, der Glitzer, der meine labile Persönlichkeit zusammenhält wie ein Exoskelett. Ihm, meinem potenziellen Befreier aus dem Gallert, alles an mir zu schenken, ist das Mindeste, was ich tun kann, um ihm zu danken.

Ab und zu verkünde ich auch zuhause den ungläubigen Eltern, ich wolle einen Spaziergang unternehmen, um mich heimlich unter einer Linde auf einer Waldlichtung nur ein paar hundert Meter von unserem Haus entfernt mit ihm zu treffen. Hier stand früher ein verfallenes Krankenhaus, ursprünglich zur Behandlung von an Staublunge erkrankten Bergarbeitern gedacht, in dem die Jugendlichen des Dorfes sich zu allen möglichen Schandtaten verabredet haben. Als das Spital geschlossen wurde, ließ man alles stehen und liegen, zog weiter, aber vor der eingefrorenen Kulisse tödlicher Krankheit, zwischen herrenlosen Rollstühlen und Röntgenbildbetrachtern tobte ab da das Leben. Drogen soll es hier gegeben haben, Partys, Jux und Tollerei. Meine Schwestern erlebten all das noch, aber für mich ist nichts mehr übrig als ein leerer Fleck Wiese, da, wo einmal ein Gebäude war.

Stattdessen kauern wir hier und bauen sie wieder auf, die Freude an der Rebellion, aber nasses Gras und hektische Bewegungen sind alles, was übrig geblieben ist. All diese Wildheit ist nichts für mich, aber ich kann wenigstens heimlich Sex haben und traurig sein, und diese Reste des Exzesses gehören uns. Wie Hyänen machen wir uns darüber her.

Meinem Vater behagt das alles nicht. Etwa einmal die Woche bittet er mich zu einem ernsthaften Gespräch, setzt sich neben meine Mutter, mir gegenüber an den großen Tisch im Wintergarten und erklärt mir, dass ich zu jung sei für einen Freund. Schon überhaupt für Sex und infolgedessen für ein Kind.

– Sieh dich an, du bist ein psychisches Wrack, wie willst du dich um einen Säugling kümmern, wenn du dich nicht einmal um dich selbst kümmern kannst, und wir sind zu

alt, wir können nicht noch einen Menschen großziehen.
Du bist noch nicht reif genug dafür, und kein Verhütungs-
mittel der Welt schützt zu hunderprozentig. Eine Beziehung, in diesem Alter, dafür hast du nach der Uni noch
genug Zeit, jetzt musst du lernen.
Mein Vater will nur mein Bestes. Es tut ihm selbst mehr weh
als mir.

Es gibt nichts auf dieser Welt, was nur mir gehört, obwohl ich
so viele teure, schöne Dinge besitze. Ich bewohne mehrere
Zimmer, die meine Schwestern leer zurückgelassen haben,
aber es gibt keinen Raum, keine Schublade, bei der ich mir
sicher kann, nicht meinen Vater darin zu erwischen, wie er
die Dinge so richtet, wie er sie möchte. Sonst wird er nervös,
sonst bekommt er Angstattacken und schläft nachts nicht,
wenn es nicht so ist, wie er möchte. Manchmal verschwinden
Dinge, die ich liebe. Nippesfiguren, kindischer Plastiktand,
oder BHs in zu grellen Farben oder mit zu viel Spitze. Der
Glitzer meines Lebens wird mir entrissen, und ich finde ihn
auf dem örtlichen Flohmarkt wieder.

Manuel ist das Einzige, was nicht verschwinden, worüber
absolute väterliche Kontrolle nie möglich sein wird. Er ist
die große *Romeo und Julia*-Geschichte, von der ich geträumt
habe, seit ich als Erstklässlerin Burgfräulein retten wollte.
Das Verbotene, das Unerwünschte, das, was die Eltern nicht
zu verstehen im Stande sind. Manuel und ich sind star-cros-

sed Lovers, und der Stern ist eine bunte Discokugel, die die gelierte Langeweile meines Elternhauses in allen Farben zum Strahlen bringt wie ein gläsernes Prisma. Je mehr man ihn mir nehmen will, desto fester klammere ich mich an ihn.

Aber ich merke schnell, dass unser Vorrat an Glitzer sehr klein und schnell aufgebraucht ist. Und was nach etwa einem Jahr seinen Platz einnimmt, ist der altbekannte Leerstand.
Manuel will, dass ich für ihn koche, also koche ich.
Manuel mag es nicht, wenn ich mich auffällig kleide, also ziehe ich mich um.
Manuel will Sex, also haben wir Sex.
  Meine Freundinnen sagen, mein Glück ist kaum zu fassen. Ihre Freunde kiffen zu viel, betrügen sie oder bleiben bis zum Morgengrauen weg. Männer eben. Manuel ist da ja ganz anders. So sanft und liebevoll.
  Ich frage mich manchmal, wie niedrig Frauen die Latte eigentlich noch hängen wollen. Weil mein Freund mich nicht schlägt, sondern nur jeden Tag zu Dingen überredet, die ich nicht tun will, wird er nach und nach von meinem Umfeld zur Ikone hochstilisiert, ein Heiliger, ein perfekter Mann.
  Aber meine Freundinnen können es nicht besser wissen. Man kann nicht wirklich behaupten, dass uns die Gesellschaft mit Beispielen für gesunde, gleichberechtigte heterosexuelle Beziehungen zugeschüttet hat.

Je länger Manuel und ich zusammen sind, desto absurder werden die Rollen, in die wir uns flüchten. Manuel, der mittlerweile wie ich eine Wohnung für sich hat, aber nur alle paar Wochen eine Nacht dort verbringt und ansonsten bei mir lebt, dort, wo ich nach der Matura hingezogen bin, näher an die Stadt, möchte, dass ich seine Wäsche mache. Dass ich Staub sauge, einkaufe, seine Arzttermine ausmache. Wenn ich mich weigere oder es nicht so tue, wie er es möchte, jammert er mit Kinderstimme so lange, bis seine Stimme in meinen Ohren klingt wie Nägel, die über eine Schiefertafel kratzen, bis ich es schließlich aufgebe, mich zu wehren.

Mit jedem Tag verwandelt er sich mehr in ein bizarres Mischwesen, eine Chimäre aus einem kleinen Jungen, der seine Mutter braucht, und einem älteren Herrn in einem schlecht sitzenden Anzug, der von seiner Frau die perfekte Erfüllung ihrer Pflichten erwartet.

Ich hingegen wühle mich durch das sich nun wieder stetig vermehrende Zeit-Gallert und spüre, wie sich die vervielfachten Jahre in meinem Gesicht auftürmen. Und auf einmal bin ich eine alte Frau, die mit geschwollenen Füßen und hängenden Mundwinkeln Geschirr spült, während Manuel am Sofa sitzt. Wir starren auf den Fernseher. Auf ORF eins läuft der Film, den wir bei unserem zweiten Date gesehen haben. Vor Jahren. In unserer Jugend. Als wir uns noch geküsst haben und ich noch ein eigenes Leben haben durfte, wenn auch nur selten, wenn es mein Vater erlaubte. Daran ist jetzt nicht mehr zu denken. Es ist so lange her, dass ich mich aufgegeben habe, dass ich mich kaum daran erinnern kann, wer ich einmal war.

Wie das alte Ehepaar, das wir sind, fangen wir an, uns zu hassen. In der Sekunde, in der Manuel seinen Mund öffnet, und sei es nur für ein Wort, wünsche ich mir nichts sehnlicher als dass er endlich seine Fresse halten möge, manchmal fantasiere ich auch darüber, ihm die Zähne auszuschlagen oder den Kiefer zu brechen. Einmal begegne ich ihm auf dem Weg ins Bad, gekrümmt sitzt er vor seinem Laptop. Die Sicht liegt frei auf meinen nackten Körper, der sich seit Jahren stetig verbreitert, nicht nur, aber auch wegen der von Manuel angenommen Essgewohnheiten. Er spielt Team Fortress und wie ein Kind, das niemand je gewollt hat, liegt auf einmal eine Frage in meinen Armen.

– Manuel, findest du mich noch attraktiv?

(Er schweigt etwa dreißig Sekunden lang.)

– ... Ja?

Drei Punkte und zwei Buchstaben mit einem aufgedunsenen Fragezeichen dahinter.

Ich verliere mich so hoffnungslos und endgültig in meinem Hass auf meine große Liebe, meinen ersten Freund, weil er die letzte verbliebene Beschäftigung in diesem zäh dahinplätschernden Hausfrauendasein ist. Früher habe ich Gedichte auf Bühnen vorgelesen, früher habe ich mich mit Freundinnen getroffen oder schöne Kleider übergeworfen, aber das ist lange vorbei.

Manuel ist alles, was ich habe. Er interessiert sich nicht für Gedichte, schon gar nicht für meine, er will nicht ausgehen (und wenn ich es ohne ihn tue, wird er eifersüchtig) und erklärt treuherzigen Hundeblickes, er wolle nicht, dass andere Männer anschauen, was ihm gehört. Ob ich das nicht romantisch fände. Ich finde diese Situation genauso wenig romantisch, wie ich einen Fluchtweg finde. Schließlich kann ich nirgendwohin. Erst hat Manuel mich meinem Vater weggenommen, jetzt wünschte ich, jemand würde mich Manuel wegnehmen. Selber habe ich keine Macht darüber, man muss mich rauben wie eine Sabinerin.

Wenn ich an mein Leben denke, habe ich immer sofort das Bild eines Flipperautomaten vor Augen, und ich bin die Kugel.

Wie mein Vater (der gerade nicht mit mir spricht, weil ich mir ein Piercing habe stechen lassen, schon seit einem Monat, und der mir über Umwege mitteilen lässt, er verstünde nicht, was er bei meiner Erziehung falsch gemacht hätte, dass ich nun derart auf die schiefe Bahn gerate) ist auch Manuel jemand, der mich in eine kleine Dose mit einer Lupe darauf setzen möchte, damit ich nicht weg kann, damit er nicht alles verliert. Aus Manuels und meinen mürben Knochen kocht ein neuer Alltagsschleim, uns einzuschließen.

Wie in Bernstein konservierte Insekten, Millionen Jahre alte Monster, verharren wir nebeneinander, in dem sich verhärtenden Zeit-Gallert, das ein Entkommen mit jedem Tag ein bisschen unmöglicher macht. Zwei Kinder, die nichts Anderes wollten als Glitzer. Die niemals Böses im Schilde führten, die ohne jegliche Übung in den Wagen gestiegen sind und nun im Unfallwrack stillschweigend verwesen. Wir bringen uns gegenseitig um, und das wissen wir beide.

An einem warmen Tag Ende April klärt sich die Sicht. Manuel hat seit Tagen nicht mehr mit mir gesprochen, ich habe Scheiße gebaut, ich habe wahnsinnige Scheiße gebaut, vielleicht einfach so, vielleicht, um es einfacher zu machen, was jetzt gleich passieren wird.

Ruhigen Atems, entspannt wie an dem Abend, als ich all die Tabletten genommen habe, bewege ich mich durch die Welt und habe zum ersten Mal seit langem ein festes Ziel. Ich verlasse den Hörsaal, steige erst die Stufen hinunter und dann in den Bus, gehe die lange gewundene Einfahrt zu meinem Plattenbau hinauf, setze mich neben Manuel aufs Sofa und innerhalb von einer Minute haben wir uns getrennt. Wir haben es so lange hinausgezögert, dass es jetzt ganz schnell geht. Als würde nach zwei Jahren wieder ein Damm in mir brechen.

Manuels Entschluss hält kaum vierundzwanzig Stunden. Danach ruft er mich an, bis zu sechs Mal am Tag. Er weint, er schreit, er schwört mir seine Liebe, etwas, das er lange nicht mehr getan hat.

Er klingelt nachts betrunken an meiner Tür, bis alle Nachbarn aufgewacht sind, schlägt sich an den Betonwänden meiner Wohnung die Fäuste blutig, droht, sich das Leben zu nehmen und legt sich weinend in das Bett, das einmal unseres war, belegt mich erst mit Koseworten und beschimpft mich dann als Hure, als er erfährt, was im Laufe der Tage und Wochen seit unserer Trennung alles passiert ist, was mit Stefan war und all den anderen, deren Namen ich schon wieder vergessen habe, denn ich muss jetzt überkompensieren, als gäbe es kein Morgen. Es nützt ihm alles nichts. Ich bin aus meinem Geleepanzer ausgebrochen, schon aus dem zweiten in diesem kurzen Leben, und nicht willens, ihn mir wieder überzustreifen.

Endlich passiert wieder etwas. Wie ein Bär, den man aus dem Zirkus befreit hat, stehe ich ratlos und verwirrt im Freien, geblendet von der Sonne, ganz allein in einer gefährlichen, lauten und alles in allem wahnsinnig beängstigenden Welt. Ich kann genau einen tiefen Atemzug nehmen, bevor sich Tonnen von Glitzer in mein Gesicht und den offenen Mund ergießen.

Stefan

Antifeminist Fight Club

Es gibt etwas, worauf ich extrem stolz bin, schon seit meiner Kindheit: Ich bin nicht wie die anderen Mädchen. Meine Schwestern und ich sind aufgewachsen mit strengen Dogmata und genau sortierten Schubladen. Hiphop ist niveaulos und frauenverachtend, Türken sind meist gewalttätig, asozial und ebenfalls frauenverachtend, Männer sind generell gefährlich, können einen jederzeit vergewaltigen und halten einen vom Lernen ab und praktisch alle Frauen, außer uns, sind billige Tussis, ohne jegliches Hirn und es gar nicht erst wert, dass wir uns mit ihnen abgeben. Wir wurden zu einem ganz besonderen, einem von unserem Vater eigens kreierten Feminismus erzogen, nämlich einem, der uns sehr präzise und schmal gezogene Bahnen vorgab, wie wir sein dürften. Alles andere wäre unfeministisch, verachtenswert, beziehungsweise einfach nicht so, wie man es gerne hätte. Das Wichtigste, das oberste Gebot war immer, keine Tussi zu sein, nicht wie die anderen Mädchen, eine Feministin so, wie sie Papa haben wollte. Nichts ist feministischer als nach den genauen Vorgaben eines alten, weißen Mannes zu leben.

Mädchen nämlich interessieren sich nur für Modediskonter und Pferde, sind schrill und oberflächlich und haben nichts anderes in ihren geschminkten Köpfen als Männer. Sie sind dumm, schüchtern und ängstlich und trinken weißen Spritzer mit Veilchensirup.

So möge ich nie werden, niemals, unter keinen Umständen, hat man mich mittels eines durch meine zarte Schädeldecke gebohrten metaphorischen Trichters gebeten. Die unerfüllbaren Erwartungen hat man mir oben hineingeschüttet, um sie mit meiner sich abwechselnd in Wellen auftürmenden und wieder zusammenbrechenden Psyche zu vermischen – und was dabei herausgekommen ist, ist ein ätzender Sud aus Misogynie und mangelndem Selbstwertgefühl, der mich bis aufs Mark durchtränkt.

Ich hasse andere Frauen grundsätzlich und möchte keine Männer der Liebe oder anderen kitschigen Tands wegen treffen. Stattdessen möchte ich mich anhand des Kontakts mit ihnen vor allem der Art und Weise, wie dieser Kontakt gepflegt wird, möglichst deutlich von meinem eigenen Geschlecht abgrenzen.

Eine Frau, die etwas auf sich hält, sagt mein Papa, die muss sich nicht schminken wie eine Praterhure und neue

Kleider erstehen. Auch Nagellack und kurze Röcklein hat sie nicht nötig, ihr reicht die sportliche Betätigung, absolute Disziplin in der Kontrolle der eigenen Gefühle sowie die Freude an der harten Arbeit, bestenfalls im naturwissenschaftlichen Bereich, auf gar keinen Fall aber macht sie irgendetwas Mädchentypisches wie Kosmetik oder gar Kunst. Einige wenige, dem weiblichen Geschlecht zugeschriebene Klischees soll sie dennoch erfüllen:

Höflichkeit,

Unauffälligkeit,

Ruhe und

Ehrgeiz.

Ansonsten ein beinahe asexuelles, androgynes Wesen, in roboterhafter Perfektion frei von allem, was auffallen könnte, von allzu femininem Gebaren.

Schmerz, Krankheit, Kunst, das alles soll mir fremd sein. Der härteste aller Knochen hat die Form einer jungen Frau, die toxische Männlichkeit einatmet, wie die Lungen zerstörenden Staub. Das Silikose-Krankenhaus in meinem Dorf wurde ohnehin abgerissen, also kann ich der Menschheit auch gleich meine inhalierte Härte beweisen, wenn es schon keine Heilung dafür gibt. Indem ich die an mich gestellten Erwartungen neu interpretiere.

Ich bin nicht schwach. Und das sollen alle erfahren, wenn sie sehen, wie ich mich gegen alles auflehne, was mein Vater und Manuel je von mir verlangt haben.

Ich nehme also jede von Menschen, wie Stefan, gestellte Herausforderung euphorisch und mit archaischem Kampfgeschrei an, denn es ist immer wieder eine neue Gelegenheit, stolz demonstrieren zu können, dass ich nicht bin wie die anderen Mädchen. Ich bin schlimmer.

Stefan ist Anfang vierzig und trägt teure Anzüge, deren Farbe zu den Schatten unter seinen Augen passt, er riecht immer nach Zigaretten und als wir auf meinem Balkon zusammen Rotwein trinken, nehmen seine Zähne die Farbe auf, wie kleine Schwämme. Er markiert für mich eine Grenze, einen plötzlichen Übergang zwischen später Kindheit und frühem Erwachsenenalter. Was Erwachsene tun, habe ich mit Manuel schon lange genug geübt, aber das hier ist etwas ganz Anderes. Hier geht es darum, sich selbst und der ganzen Welt etwas zu beweisen. Stefan ist eine Art Challenge, eine menschliche Mutprobe, und wir begegnen uns in unserem persönlichen Fight Club. Ich bin kein Kind mehr, ich bin schon groß, seht, was ich kann, wie viel ich einzustecken im Stande bin.

Ich verbringe Zeit mit jemandem, der nach dem Sex von seiner Scheidung erzählt, und wenn ich vom Klo zurückkomme, schon auf der Hülle meiner liebsten Astrid Lindgren-DVD die reine Sünde aus seiner Hosentasche ausgekippt und einen Hunderter zusammengerollt hat. Dann erzählt Stefan von den glorreichen Taten, die er und seine Freunde vollbracht haben, als sie in meinem Alter waren, das waren noch Zeiten, und er weiß von jeder öffentlichen Toilette der Stadt, wie sie ausgestattet ist und welche Uhrzeiten sich aufgrund niedriger Frequentierung am besten für ein Rendezvous eignen, auf ein solche möchte er mich auch gleich einladen. Das Mädchen zeig mir, das sich das traut, denke ich. Niemand. Niemand traut sich das. Nur ich.

Mich muss man nicht umarmen, nicht küssen, mich muss man nicht anrufen, von mir aus muss man sich nicht einmal meinen Namen merken. Ich brauche das alles nicht. Ich bin nicht so zickig wie die anderen. Ich *will* nicht so sein. Stattdessen unkompliziert, neugierig und mit unterentwickeltem Würgereflex. Wie ein zur Perfektion gezüchtetes und erzogenes Lastentier erbringe ich bei minimalem Anspruch maximale Leistung. Wünsche und Forderungen jeglicher Art sind mir fremd, sind was für Mädchen. Ich hingegen brauche weder menschlichen Kontakt noch Emotionen. Die anderen brauchen zumindest Luft und Liebe, ich aber ernähre mich ausschließlich von der Gewissheit, Männer mittleren Alters in gewissen Situationen zufriedengestellt und beeindruckt zu haben.

Noch bin ich nicht perfekt, ich muss noch viel lernen. Noch benötige ich zu viel Zuwendung, mehr, als einem hart arbeitenden Lastentier zustünde. Und dieser Umstand genügt auch relativ schnell wieder zum Ende dieses Abenteuers.

Als ich demonstrativ über irgendetwas laut fluchend an meinem Dosenbier nippe, kann ich trotz allem nicht die

Weichheit verbergen, die mir bei den Augäpfeln heraustropft. Den liebevollen Blick, der mir entwischt, das Nachtlicht in der Zimmerecke, mit seinem warmen Glanz, Sätze, die mit „Mein Papa sagt" beginnen. Das sind Dinge, die nicht nach außen dringen sollen, die ich aber manchmal nicht zurückhalten kann. So wie meine Anrufe in allen Krankenhäusern der Stadt, als Stefan mir nicht auf meine letzte SMS antwortet.

– Nein, ich bin keine Verwandte, nein, ich weiß den Nachnamen nicht, aber ich muss wissen, was passiert ist! Sagen Sie es mir, bitte!

Bereits nach zwei Verabredungen mit Stefan ist mir das Prahlen mit meiner Leistung zur Sucht geworden, auf die ich nicht verzichten kann und mag, weswegen ich mich verzweifelt in ihm und seinem Schritt verbeiße. Ein Lastentier ist nichts ohne jemanden, der ihm die Last auferlegt und sich an seiner Leistung erfreuen kann. Ich bin nichts ohne Lob, ohne Anerkennung, ohne Zuwendung. Denn das ist Liebe, und Liebe ist das Wichtigste auf der Welt. Stefan antwortet irgendwann auf meine letzte Nachricht. Aber wir treffen uns nicht mehr, und ich muss mir verzweifelt jemand Neuen suchen, dem ich etwas beweisen kann.

Achmed

Der kürzeste Weg zur Erleuchtung

Als ich Achmed das erste Mal treffe, hebt er einen Billardqueue hoch und sagt, den habe ihm sein Vater vererbt, aber
er selbst spiele kein Billard, also naja. Der Rest ist dann eine
warme, feuchte Wolke aus weißem Rauch und Bewegungen,
die ineinander überfließen wie ein Tanz, den man nie miteinander geübt hat, aber trotzdem perfekt beherrscht. Als
ich aufwache, lehne ich mit dem Oberkörper noch halb von
einem Haufen Polster gestützt am Kopfteil seines Bettes und
meine Hände sind mit einem duftenden, weichen Schal an
den einzelnen Ornamenten festgebunden.

Achmed sagt, er habe das Bett nur aus diesem einen
Grund, weil man so gut Leute dran festbinden könne, und
bei dem Gedanken, dass dieser fremde Mann Anfang dreißig
und ich nachts im gleichen IKEA-Prinzessinnenbett schlafen,
muss ich lachen.

Von da an ist Achmed eine Art Ritual für mich, immer, wenn ich in Wien bin. Die Leute in der Uni gehen am Wochenende trinken, um sich zu entspannen, meine dritte Schwester sieht sich auf TLC-Dokus über adipöse Menschen an, mein Vater saugt Staub. Und ich betrete gleichzeitig mit dieser so stolzen und so abgefuckten Stadt auch ein Paralleluniversum in ihrer Mitte, jedes Mal, für eine Nacht, und komme erst mal nicht mehr raus. Da, wo ich hingehe, gibt es keine Menschen, keine Außenwelt, keine Zeit. Es gibt nur:

– Wie geht's dir, ja, auch gut, und wie läuft's sonst so?,
und spätestens ab dem dritten Satz verschwindet wieder alles in dem warmen, feuchten Nebel.

Es ist, als würde ich zum Meditieren in den Wald gehen, einen Wald, in dem es nach Schweiß und in der Erde wachsenden Pilzen riecht, die in Formen heranwachsen, die ich mir nie hätte ausmalen können, und würde danach mit einer inneren Ruhe herauskommen, die beinahe an Totsein grenzt. Mein benebeltes Gehirn spuckt diese Metaphern die ganze Zeit aus, wenn ich mit trockenem Mund und wirrem Haar meine Kreise drehe, Hüfte nach vorne, nach hinten, nach links, jetzt hinknien, und dann muss ich ein bisschen lachen und kassiere dafür eine, weil ich nicht brav war, und manchmal auch eine als Belohnung dafür, dass ich brav war.

Wenn ich Achmeds Wohnung morgens verlasse – manchmal vor ihm, manchmal mit ihm und er flucht, weil er zu spät ins Büro kommt, manchmal bleibe ich liegen und starre an die Decke bis mittags – wenn ich auf die Straße hinaustrete und in jemanden hineinrenne, der in eine Schnitzelsemmel beißt oder mir was verkaufen will oder mich kaufen will, dann fühlt sich mein Kopf an wie eine weite, leere Prärie. Eine karge Landschaft in subtilen Farben wie auf einem möglichst generischen Foto in einem millionenfach verkauften Billig-Bilderrahmen, ein sanfter Wind streift durch meine spärlich wachsenden Gräser.

Es braucht dann mehrere Stunden, bis ich wieder einen halbwegs menschlichen Gedanken aus der Ramschschublade meines Bewusstseins kramen kann, egal welchen, irgendeinen. Ich bin neu formatiert und vollkommen frei von Gedanken, rein wie der Brautschleier meiner Großmutter, in den sie damals hineingeweint hat, an ihrem Hochzeitstag, weil mein Großvater auch brutal war, aber nicht auf die gute Art wie Achmed, mehr so auf die Posttraumatische-Belastungsstörung-aus-dem-Krieg-und-ganz-generell-ein-patriarchales-Stück-Scheiße-Art.

Wenn ich bei Achmed bin, kann ich mich erholen von dem banalen, allzu menschlichen Scheißdreck in meinem Kopf. Von der Traurigkeit, den Schuldgefühlen, der Angst und generell all diesem pathetischen Sondermüll, den junge weiße Menschen aus gut situierten Familien so oft verspüren in der Gegenwartsliteratur und von dem ich sonst immer so viel da drin habe, dass ich tagaus, tagein nur schreiend weinen möchte. Wenn ich Achmed wieder alleine lasse, fühlt es sich jedes Mal an, als würde heute ein neuer Abschnitt meines Lebens beginnen.

Als wäre ich ein neuer Mensch geworden. Der Billardqueue, die Gummihandschuhe und das Plastiksackerl, das sich über meinem Kopf zuzieht, während ich hinter der dünnen, milchigen Schicht, die mich von der Verantwortung über mein eigenes Leben trennt, eine Zucchini erkenne, die auf einem Heizkörper langsam angewärmt wird, sie alle haben mich dazu gemacht. Einmal, nachdem ich das Menschsein schon nach relativ kurzer Zeit im Akt aufgegeben habe und Achmed irgendwann aufgestanden ist, um das Kondom wegzuschmeißen und mir ein Glas Wasser zu holen, stehe ich in Zeitlupe vom Bett auf, in dessen Geborgenheit ich mir gerade in Embryohaltung noch etwa zwanzig Minuten allein sämtliche verbleibenden Flüssigkeiten aus dem Körper rausgeweint habe, und ich empfinde das befriedigende Gefühl, genug geweint zu haben für die nächsten Jahre.

Eine seltsame Heiligkeit ergreift von mir Besitz, ein Gefühl völliger und absoluter Erleuchtung, als ich mich langsam auf das Sofa im Wohnzimmer lege, die moderne Kunst an der Wand anstarre und denke, so muss man sich nach einer Marienerscheinung fühlen. Ob alles gut sei, fragt Achmed, ob das zu fest gewesen wäre, ich hätte nicht das Safeword gesagt. Ich deute ihm, still zu sein, es ist ein zu großer Moment für Worte.

Als Kind hat mir mein Vater *Die Abenteuer des starken Wanja* vorgelesen, eine Art slawisches Pseudomärchen von Otfried Preußler über einen Typen, den meine Freundinnen und Freunde wohl mit anerkennendem Unterton asozial nennen würden. Er liegt sieben Jahre lang auf einem Holzofen, spricht nicht und ernährt sich ausschließlich von Sonnenblumenkernen, um dann nach Ablauf dieser festgelegten Zeitspanne aufzustehen, von einer Sekunde auf die andere mit übermenschlicher Kraft ausgestattet. Die Vorstellung, dass man für das Erlangen von Stärke genau gar nichts machen muss, außer sich möglichst lange davor zu drücken und so irgendwann alles gespart zu haben – also in diesem Fall, sich sieben Jahre nicht zu bewegen, und es danach umso besser zu können – hat meinen faulen kleinen Nuttenarsch damals in schiere Ekstase versetzt.

Und deswegen probe ich jetzt, wie lange ich komplett wertlos und schwach sein muss, um Stärke zu fühlen. Das war ich zwar immer schon, aber nun begebe ich mich bewusst in diesen tierischen Zustand, ich erlange Kontrolle, indem ich sie abgebe. Es ist eine Flucht nach vorne, die mich aufbauen wird. Dann bin ich stark und erwachsen und die schiere Ruhe meiner Seele eingeschlossen in eine goldene, mit Edelsteinen besetzte Monstranz, aus der sie mir niemand stehlen kann.

Wenn man mir lange genug einredet, ich sei eine wertlose Hure und zu nichts zu gebrauchen, außer zu diesem und jenem und möglichst nicht kotzen und nur leise schreien, dann empfinde ich einen Stolz auf mich und meine Leistungen, meine Geduld und meine Ausdauer, wie ich ihn aus keinem anderen Bereich meines Lebens kenne, und jedes Mal bin ich motivierter, es noch ein bisschen weiter zu treiben und noch irgendetwas Neues zu finden, was in verdrehten Augen endet, in denen man nur noch das Weiße sieht, und in Beschimpfungen, die man vor lauter Stöhnen kaum noch versteht.

Manchmal denke ich, dass Achmed mir eigentlich beim Aufwachsen zusieht, und dieser Gedanke erfüllt mich mit Trost und Geborgenheit, obwohl oder vielleicht gerade weil ich ihn so merkwürdig und unangenehm finde. An dem Abend mit dem Queue bin ich knapp neunzehn, und die Jahre vergehen, ich treffe Milan, dann Alex und Michael und Jan und Thomas und Adam und wie sie nicht alle heißen, aber Achmed bleibt immer da, im Hintergrund, um mich großzuziehen und meine gute Erziehung fortzusetzen, zu einem Lasten- und Nutztier, das der Welt möglichst gut zu dienen vermag, mit ganzer Seele und vor allem mit ganzem Leib.

Wenn ich gerade monogam bin, dann lauert er eben im Hintergrund wie ein großer Panther, der mit dem Ofen in der Hand auf dem Sofa sitzt, langsam die Beine öffnet und lächelt bei dem Gedanken, dass die Beute irgendwann zurückkommen wird, und dann wird er seine Zähne hineinschlagen. Er ist der Einzige, der immer dableibt, der nie weggeht, weil wir uns, obwohl wir jeden Zentimeter unserer Körper kennen, psychisch nie genug annähern, um es zu Konflikten kommen zu lassen. Weil wir beide wissen, dass unsere sterblichen Hüllen, mit all ihren Bedürfnissen wie komplex konstruierte Bausteine sind, die man perfekt ineinander stecken kann, und sowas findet man nicht so oft, da möchte man es nicht durch so etwas Banales wie Emotionen ruinieren.

Achmed sagt, ich sei so gut in dem, was ich mit ihm mache, ich solle Workshops geben, und ich könne mir dann ein kleines Messingschild auf meinen Schreibtisch stellen mit meinem Weltmeistertitel, und ich werde ganz rot vor Stolz. Dann fragt er mich, mit wem ich geschlafen habe, seit ich das letzte Mal bei ihm war, und wenn es niemand anderes war, ist er enttäuscht, denn er will alles genau wissen, während er an mir riecht und ich an ihm rieche und wir auf den Boden fallen wie Wildtiere im Circus Maximus, und am Ende wird entschieden, inwieweit ich heute Nacht sterben werde, um danach aus den Trümmern neu aufzuerstehen, mit Daumen nach oben oder unten. Wie sehr ich heute zerstört werde, damit man mich danach neu aufbauen kann.

Alles ausbomben.

Alles ausbomben.

Wenn Achmed mir den Hals zudrückt und sagt, wenn es zu

viel ist, soll ich zwei Mal auf seinen Oberschenkel klop-
fen, wenn ich schon nicht mehr sprechen kann, ich dreckige
Schlampe, dann zögere ich es manchmal mit Absicht so lange
hinaus, bis meine Sicht verschwimmt und ich in irgendeinem
dunklen Hinterzimmer meines Kopfes verschwunden bin, wo
ich gar nicht mehr mitbekomme, was da mit mir passiert und
wo es mir eigentlich auch egal ist. Ich überschreite meine
Grenzen systematisch, damit ich weiß, wo sie überhaupt liegen, die meines Körpers, meiner Seele und dem, was beiden
zumutbar ist.

– Ich werd dich so fertig machen, ich bring dich um, du
Nutte, du wirst dir wünschen, du hättest auf deine Zähne
aufgepasst.

– Lol, mach doch, mir doch egal,
denke ich mir. Aber obwohl ich es mir manchmal wünschen
würde, sterbe ich nie, zumindest nicht körperlich, und danach
baut er einen Ofen und reicht ihn mir und ich sage:

– Ich bin froh, nicht tot zu sein.
Dieser Satz hört sich überraschend an aus meinem Mund,
aber ich bin froh, dass ich ihn gefunden habe, wenn es auch
einigermaßen aufwendig war. Ich muss an Marina and the
Diamonds denken, *The day has come where I have died only
to find I've come alive*, dann überlege ich, Achmed zu fragen, ob er Marina and the Diamonds kennt, aber ich lasse es
sein. Achmed hört sowas nicht, stattdessen haben wir eine Art
kleine Tradition, die daraus besteht, dass er mich etwa alle

drei Monate zwischen zwei Mal Paffen mit kratziger Stimme fragt:

– Kennst du eigentlich Audio88 & Yassin?

– Ja, ist ganz cool.

– Hm,

macht er und verschwindet dann wieder in seiner Wolke. Das ist das Angenehme an Leuten, die kiffen: Alles ist für sie neu, in jedem Gespräch. Dann fragt er mich ein paar Monate später wieder und ich kann ihm meine ewig gleichen alten Geschichten nochmal erzählen, wie ich mal dies gemacht habe und jenes und:

– Haha, hab ich dir schon die eine Story erzählt?,

und ja, hab ich schon, aber Achmed ist ebenso höflich wie vergesslich. Irgendwann bilde ich mir ein, in Achmed verliebt zu sein. Das ist nun wirklich kaum zu glauben, denn dafür kenne ich ihn viel zu wenig. Es hat Jahre gedauert, überhaupt seinen Nachnamen herauszufinden. Aber eines Tages, als ich wütend vor einem gelben Haus in einem abgelegenen Dorf in der Steiermark stehe und hektisch schluchzend meine Parisienne inhaliere, wird mir bewusst, dass ich nur noch einen Gedanken habe, und der ist, dass ich zu ihm will, und das versetzt mich in schiere Panik, denn ich halte mir Achmed ja gerade deswegen, weil ich ihn mag, aber weiß, dass ich nie Gefahr laufen werde, mich da in irgendeine Scheiße reinzureiten. Ich bin nicht in Achmed verliebt. Achmed ist nett, aber ein bisschen irre, für sein Alter meistens ein bisschen zu bekifft, und außerdem hört er Bonez MC, den ich insgeheim auch mag, aber mich nicht traue, es zuzugeben, weil der ein Frauenschläger unterstützender Hundesohn ist, und Achmed lacht und sagt, na siehst du, das passt doch, und dreht die Musik auf und tut Dinge, die Bonez MC wahrscheinlich schockierend finden würde.

Ich sage ihm, dass ich ein Buch schreibe, und dass er darin vorkommt, er sagt:

– Oh Gott, bitte nicht,

weil er natürlich paranoid wie Sau ist und sich schon immer fürchtet, wenn ich nur mein Handy hochnehme.

– Machst du ein Foto, zeig mir den Bildschirm, was machst du da, du machst doch ein Foto!

Dann nimmt er ein Buch hoch, das auf dem Esstisch liegt, zwischen wichtig aussehenden Formularen, vollen Aschenbechern und generell allem, aus dem man mit etwas Fantasie einen Filtertip oder Dildo bauen kann. Es ist jedes Mal ein anderes Buch, aber immer irgendetwas Politisches, Judith Butler oder Marx oder von mir aus Adorno, aber am besten was Feministisches, damit macht es ihm besonders Spaß, mich zu hauen.

Achmed hat manchmal so einen richtigen Dad-Humor, und das ist vermutlich der Grund, warum ich mir einbilde, ihn mehr zu mögen, als ich es tue. Weil ich gelegentlich an seine schlechten Witze denke oder daran, wie man seine Brusthaare streicheln kann, wenn man neben ihm im Bett liegt.

Einmal, und ich schäme mich dafür, wie ich mich noch nie für etwas geschämt habe, ploppt für eine Millisekunde ein Bild in meinem Kopf auf, mit präzisen Kanten und perfekter Kameraeinstellung. Von mir, wie ich in einem Ein-Meter-sechzig-Holzbett liege, in einem karierten Pyjama. Ich kuschle mich eng an meinen Vater, der den gleichen Pyjama trägt, weil wir für immer Freunde sein werden und ich sein Lieblingskind bin, mein Vater liest mir *Die Brüder Löwenherz* von Astrid Lindgren vor und ich streiche über seine haarige Brust wie über einen atmenden, warmen Berg, und ich werde nie wieder so glücklich sein.

Diese heilige kleine Blase, der Regenwald mitten in der Stadt, in dem es immer neblig ist und in dem ich mich manchmal fühle wie ein Kind auf Entdeckungsreise, das ist meine Therapie. Manchmal würde ich Achmed am liebsten hundert Euro dalassen und sagen:

– Vielen lieben Dank, Herr Doktor Daddy, heute sind wir um einiges weitergekommen mit der Analyse, ich merke schon, ich bin kurz vor dem Durchbruch.

Und es ist die Situation, in die ich verliebt bin, nicht der dazugehörige Mensch, auch, wenn diese Situation nur mit ihm möglich ist.

– Du krankes Schwein,

sage ich, und Achmed lächelt und sagt:

– Dankeschön.

Er gibt mir den Ofen und zieht seinen Gürtel aus den Schlaufen. Niemals bin ich so sehr ich selbst wie in diesen Momenten.

Milan

Die Farbe Beige

Eine solch sofortige Begeisterung gegenüber meiner Person, wie sie Milan für mich zu hegen scheint, ist mir in meinem ganzen Leben noch nicht untergekommen, und sie macht mich ebenso glücklich wie sprachlos, denn wer weiß, ob ich das überhaupt verdient habe, ob das nicht vielleicht doch ein böser Streich ist und man mir, der stolzen Prom-Queen, am Ende Schweineblut über den Kopf schütten wird. Bei unserem ersten Gespräch, nebenbei in der Pause irgendeines Poetry-Slams, leuchten auf einmal seine Augen für einen kleinen Moment hell auf, als würde ihm die Freude bei allen Körperöffnungen herausscheinen, als wäre er ein menschlicher Kürbis. Später schreibt er mir auf Facebook, er möchte mit mir einen Kaffee trinken gehen, und ohne nachzudenken, sage ich sofort ja.

Ich tue das nicht unbedingt, weil die Begeisterung gegensei-tig wäre, mehr aus einer FOMO (Fear of missing out) heraus. Wer mich will, den muss ich auch wollen, denn so groß ist die Auswahl nicht, da lässt sich keine Möglichkeit verschenken. Fasziniert von dem Gedanken, dass mich jemand wirklich so toll zu finden scheint, erscheine ich gekleidet wie die Besu-cherin einer tschechischen Kopie des Coachella-Festivals im Kaffeehaus, rede drei Stunden lang ohne Punkt und Komma und fürchte mich zum ersten Mal in meinem Leben nicht, sofort ich selbst zu sein. Mein Gegenüber hört fast schwei-gend zu, kratzt sich zwischendurch am Bart und küsst mich anschließend.

Milan wohnt noch bei seiner Mutter, und sein Verhält-nis zu ihr gleicht in etwa dem von Howard Wolowitz zu der seinen in *The Big Bang Theory*. Mir hingegen ist heute kurz vor Verlassen der Wohnung eine absurd große Packung Penne runtergefallen, sodass mein Wohnzimmer zusätzlich zu sei-nem leicht verwahrlosten Teenagerlook noch einer Kinderta-gesstätte ähnelt, mit den überall verstreuten trockenen Nudeln zwischen Staub, Dreck und Bierdosen. Wir weigern uns daher hartnäckig, die jeweils andere Person in unser Allerheiligstes zu lassen, lassen uns aber dafür in seinem kleinen roten Fiat zumindest in unser Allerallerheiligstes. Im Nachhinein stelle ich mir gerne vor, dass Milan danach im Auto sitzengeblieben ist, mitten auf der Wiese, wie in einem Kinderfilm, und nach oben gestarrt hat, bis das Licht im dritten Stock anging. Und

dann im gelben Schein meiner Wohnzimmerlampe heimge-
fahren ist, ganz beseelt von mir und den Wundern, die ich ihm
gerade offenbart habe.

Milan und ich verbringen zwei Wochen miteinander, in
denen ich unter anderem erfahre, dass das Leuchten in seinen Augen an diesem Abend vor dem Theater auf irgendeinen
Nebensatz aus meinem Mund zurückzuführen ist, aus dem er
sich eine gewisse sexuelle Unverfrorenheit erhofft hat, und
er deswegen so erpicht auf mich war. Die Enthüllung, dass er
doch einen Hintergedanken hatte, finde ich zwar etwas krän-
kend, aber nun ist er ja schon hier und mag mich, und ist
sogar ein wenig kinky. Schlussendlich ist alles besser als Manuel, und dann sind wir auf einmal zusammen und ich weiß
selbst nicht so genau, wie das passiert ist.

Milans und meine Beziehung besteht aus so wunderbaren
Dingen wie Rauchen, Pizza Hawaii und Ficken. Eigentlich
hauptsächlich Ficken, viel mehr verbindet ihn nicht mit mir.
Sex ist auch für diese Beziehung der zentrale Bewegpunkt,
aber im Gegensatz zum letzten Mal ist das hier schon der
Fortgeschrittenenkurs. Hier haben sich zwei gefunden, die
sich für dasselbe Spezialgebiet interessieren. Gemeinsam in-
vestieren wir in einen ganzen Haufen merkwürdig geformter
Utensilien, erfinden innovative Methoden, jemanden ins Gesicht zu schlagen, ohne ein Geräusch zu erzeugen, wenn sich
seine Mutter nebenan mit einer Freundin über Trommelsemi-
nare und Ayurveda unterhält, und manchmal flüstert Milan

mir im Stiegenhaus ins Ohr, ich soll vorausgehen und warten, in grazilen Posen, unbeweglich wie eine Statue, oder es setzt was. Wir sind so mit unseren kleinen Spielchen beschäftigt, ich mit Nach-oben-Buckeln und Milan mit Nach-unten-Treten, dass wir uns die erste Zeit ganz gut davon ablenken können, dass auch wir absolut nicht für einander geeignet sind. Das wird mir zum ersten Mal klar, als Milan einen Zeitungsverkäufer anschreit, der ihn nach Kleingeld gefragt hat, das zweite Mal, als er mit mir erst alle Episoden von *Star Wars* und dann alle Teile von *Herr der Ringe* sehen möchte, und das dritte Mal schließlich, als er später aufhört zu sprechen.

Nichtsdestotrotz halte ich Milan zunächst für das Beste, was mir je passieren konnte, weil ich ihn im Geiste ständig mit Manuel vergleiche und er nahezu immer besser abschneidet. Wir feiern Weihnachten bei meiner Familie und Silvester bei Niko, und all das ist sehr nett und sehr schön, fühlt sich aber nach kürzester Zeit nach absolut nichts mehr an. Milan hat einen offiziellen Kurs in Etikette belegt, etwas, das mir kaum egaler sein könnte. Seiner Ansicht nach ist gutes Benehmen absolut unentbehrlich in der heutigen Arbeitswelt, deswegen spricht er stets ein gestelztes

– Ich muss kurz wo hin ...,

wenn er auf die Toilette geht, was ich extrem merkwürdig finde, denn er glaubt ja wohl nicht, dass er mit dieser Umschreibung irgendjemanden hinters Licht führen wird. Er besitzt eine kleine, zufällig angehäufte Sammlung an CDs, die wir in seinem Auto hören, Sido, Michael Jackson und unzählige verschiedene Versionen von *Dragostea din Tei*.

Spätestens, als Milan stolz erklärt, er sei weder links noch rechts, denn Extremismus sei in jeder Form schlimm, im Übrigen sei sein Lieblingslied *Chop Suey!* von System of a Down, wird er für mich endgültig zu dem Prinz aus *Dornrös-chen*, der ich als Kind immer sein wollte, so vergessenswert, wie ein beim Kochen auf den Boden gefallenes Stückchen Zwiebelschale. Es ist endgültig vorbei mit einer tatsächlichen Liebe. Ein Diminutiv ist das hier eher, eine Liebelei, wenn's hoch kommt.

Das Gefühl, mit einem Pappaufsteller eines jungen Mannes zusammen zu sein, statt mit einem tatsächlichen Menschen, beschleicht mich anfangs nur subtil und vorsichtig, aber nach einem halben Jahr empfinde ich für Milan nicht viel mehr als für die dritte Kuchengabel von links in meiner Besteck-schublade. Manuel konnte ich zumindest hassen, aber über Milan und mich hat sich binnen weniger Monate eine alles vernichtende Wurschtigkeit gesenkt. Weil er eben nicht mehr spricht. Er war von Anfang an schweigsam, jetzt aber ist er fast vollkommen verstummt. Wenn ich ihn Freunden vorstel-le, können sie sich wenige Minuten später schon kaum noch an ihn erinnern, auf Partys fragen alle:

– Wo ist dein Freund, du meintest, er würde kommen,

und ich weise auf den dünnen Mann in der Ecke hin, der sich

über seinen Bart streicht und die Menge beobachtet.
   – Der kann es doch nicht sein, man hat euch den ganzen
   Abend kein Wort reden hören,
sagen sie.
   – Eben,
sage ich.

Ich war noch nie gut in Balance. Als ich klein war, sind mein
Vater und ich oft spät abends an einer Polizeistation vorbei
gegangen, auf dem Weg zum Parkhaus, wo wir uns anschließend in langen Diskussionen darüber verloren, in welchem
Stockwerk sich das Auto befände, weil uns wie zwei Greisen
ständig sein Standort entfiel. Es war das einzige Parkhaus der
Stadt, in dem die ersten paar Stunden gratis waren, Anfang
und Ende eines jeden Stadtabenteuers. Das wirklich Interessante auf dem Weg war aber das Mäuerchen, das um die
Polizeistation herum verlief. Jedes Mal hob mein Vater mich
hinauf und ich ging mit übervorsichtigen, tapsigen Schritten
darauf entlang, umklammerte seine Hand und schrie laut auf,
immer wenn ich befürchtete, er könne loslassen.
   Er würde nicht loslassen, sagte er. Ohne die Hand einer
Autoritätsperson verschiebt sich mein Leben. Als wäre ich
alleine zu schwach, ein großes gläsernes Aquarium zu ba-
lancieren, sodass es in meinen kleinen Händen ständig kippt.
Auf der einen Seite zappeln die Fische in trocken gelegten
Landschaften aus Plastik in Steinoptik umher, auf der ande-

ren klatschen sie aus dem überschwappenden Becken auf den
Boden und warten vergebens auf Rettung. Es ist immer alles
viel zu viel oder viel zu wenig. Milan jedenfalls ist viel zu
wenig. Und Jonathan wird viel zu viel sein.

Während Milan und ich uns in Nikos Gästezimmer ins
neue Jahr vögeln, wie er es in seinem Vorschlag vor fünf Minuten genannt hat, starre ich gedankenverloren an die von
Dunkel überzogene Zimmerdecke, denke kurz an mein erstes
Mal und horche mit einem Ohr auf Geschrei aus dem Wohnzimmer, wo Jonathan, Nikos skandalumwitterter Kumpel,
von dem ich so viel gehört habe, dass es sich anfühlt, als würde ich ihn bereits kennen, wieder irgendwas verschüttet hat
und lallend seine Unschuld beteuert.

Milan muss gerade viel arbeiten, er erhofft sich baldige Auf-
stiegschancen in seinem Beruf, den ich schon wieder vergessen habe, und wir sehen uns seltener. Sehen wir uns doch, ist
er wie ein gereiztes Tier, das man in Ruhe lassen muss. Wenn
ich ihn umarme, rückt er weg von mir, wenn ich den Mund
öffne, blickt er mich streng an wie ein Erzieher ein hyperakti-
ves Kleinkind, bis ich endlich still bin. An manchen Abenden
zähle ich die Wörter mit, die spärlich aus seinem Mund tropfen, wie eine Verdurstende, und brauche nur eine Hand dazu.

Das Konzept, auf dem unser Bündnis aufbaut, nämlich,
dass ich mich ihm gegenüber unterlegen fühle, zu ihm aufbli-
cke, scheitert kläglich. Denn im Wesentlichen suche ich nach

der reinsten, stärksten Destillation meiner eigenen Persönlichkeit, eingegossen in jemand anderen. Noch bunter, noch lauter, noch verzweifelter. Das belastbare, das artige, das benutzbare Zirkuspferd, das ich bin, braucht einen schillernden Dompteur. Und das ist schlussendlich Jonathan.

Einen Tag, nachdem der Blockbuster, der Jonathan und ich sind, abgesetzt wurde, nach diesem Valentinstag der Zerstörung, geschieht dasselbe mit Milan und mir. Eine Vorabendserie mit niedrigen Einschaltquoten, in der die Protagonistinnen und Protagonisten nicht sprechen. Milan weint und ruft anklagend:

– Du hast nie irgendwas gesagt!

– Du auch nicht,

antworte ich kühl.

Jonathan

Everyday I'm hustlin'

Die meisten Kinder werden von ihren Eltern nur bis zu einem gewissen Grad von Gefahr ferngehalten. Ab einem bestimmten Alter traut man ihnen zu, kleinere Fehler zu machen, um aus ihnen für die Zukunft zu lernen: Wenn sie auf die heiße Herdplatte greifen, wenn sie die ganze Schokolade vom Sternsingen in einer einzigen kurzen Fressattacke verschlingen oder fernsehen, bis die Augen eckig werden, dann wissen sie, das tun sie nicht noch einmal. Sie lernen, sich die köstlichen Gefahren des Lebens selbst einzuteilen, sich nur mit einer bestimmten Dosis zu vergiften. Diese Kinder werden, von Fehlern zurechtgeschnitzt, zu anständigen Menschen. Ich aber war ein Kind ohne Fehler. Und ich will sie jetzt nachholen, am besten alle auf einmal.

Weise und satt hat man die Jugend werden lassen, träge und zufrieden von allem, was die Jugend frisst und aufsaugt, bis sie alles wieder rauskotzt, um ein funktionierendes Mitglied unserer Gesellschaft zu werden. Ich bin eine Ausnahme. Ich war die meiste Zeit meines Lebens knapp vor dem Verhungern und bin es immer noch. Und dann fängt die Silvesternacht an, die bis zum Valentinstag dauern wird, in der ich mich so vollstopfe, wie ich es schon lange hätte tun sollen.

Niko hat diesen verrückten Freund, Jonathan, ein degenerierter Sohn aus gutem Hause, ein Schriftsteller, der Hausverbot im McDonald's am Jakominiplatz hat, weil er dort drin mal geraucht hat, und als sie ihn dann gebeten haben, diese heil'gen Hallen der Kleinstadtjugend zu verlassen, da hat er noch randaliert, Wein hatte er nämlich auch dabei. Rotwein.

Ich weiß nicht, wieso ich dieses wahnsinnige Bedürfnis habe, mich an das Patriarchat anzubiedern, aber wie gesagt, ich will eben kein typisches Mädchen sein. Vielleicht ist es derselbe Mechanismus wie bei manchen pubertären Arschgesichtern, die es aus irgendeinem Grund zeitweise edgy finden, in ihrem Kinderzimmer Hakenkreuze auf Löschpapier zu schmieren. Vielleicht ist es einfach der selbstzerstörerische Trieb eines Tieres, das von nichts mehr angezogen wird als vom mit Hut und Gewehr singend durch den Wald stapfenden Jäger. Für Jonathans Exfreundin ist es natürlich entsetzlich, dass er sie geschlagen hat, aber ich möchte mir das trotzdem

mal aus der Nähe ansehen. Als Natascha Kampusch freige-
kommen ist, war ich zehn, und in der morgendlichen Hitze
saßen wir am Frühstückstisch, die Sonne blendete schon meine Augen, und mein Vater sagte:

    – Stell dir vor, als der Mann sie mitgenommen hat, da war
    sie so alt wie du, und jetzt ist sie weggelaufen und ist so
    alt wie deine dritte Schwester.

Das hatte mich wahnsinnig beeindruckt, wie grauenhaft.
Nein. Wie grauenhaft sowas doch ist.

Man muss sich mit dem Grauen beschäftigen. Mit dem Bösen. Man muss wissen, woran man ist in dieser Welt. Bildung
nennt sich das. Also räkelte ich mich wenige Tage später bei
einem Familienausflug im Liegestuhl, begraben unter Zeit-
schriften, exklusive Informationen, so geschah die Tat, Chro-
nik einer Gefangenschaft, und meine Eltern riefen:

    – Jetzt komm halt ins Wasser, es ist herrlich, wir bezahlen
    doch nicht einfach so den Eintritt für die Therme.

Aber ich konnte nicht ins Wasser. Ich musste das Böse kennenlernen, und dieses Interesse war vollkommen normal und
gesund, fand ich jedenfalls.

    Jonathans Haare sind kurz geschoren und von einem hel-
len Blond, er trägt permanent denselben HUGO-BOSS-Anzug und das weiß jeder, weil er immer davon redet, dass das
ein HUGO-BOSS-Anzug ist. Er ist klein und stämmig, ein
Heidelberger Oberschichts-Assi, mit zornigen Augen und

einem schiefen Porträt von Tupac Shakur auf dem auftrainierten Bizeps. Ein Gangster. Als Milan und ich auf Nikos Silvesterparty ankommen, verabschiedet er sich gerade, wir reden kurz miteinander, dann verkündet er laut, er werde jetzt zur Postgarage gehen, Ecstasy kaufen, er hält einen kaum merkbaren Augenblick lang inne, um der gesamten Partygesellschaft Zeit für ein schockiertes Keuchen zu lassen, dann spaziert er erhobenen Hauptes bei der Wohnungstür hinaus, das Weinglas in der Hand, und für eine kurze Zeit bleibt nichts von ihm als ein großer roter Fleck auf dem weißen Teppich. Bis er wenige Sekunden später wieder bei der Verandatür reinkommt, das Weinglas gerade geext, und so tut, als wäre nie etwas gewesen.

Diese Prozedur wiederholt sich im Laufe des Abends noch drei oder vier Mal, es ist merkwürdig, unerklärlich und irgendwie lustig. Jedes Mal fragt er, ob ich mitkommen möchte, ich lehne ab, ich bin mit meinem Freund hier, vielen Dank, ich nehme sowas nicht, danke. Ich muss mich mit aller Kraft zusammenreißen.

Damals, vor zehn Jahren, musste ich meinen Eltern versprechen, niemals mit fremden Männern mitzugehen, niemals Drogen zu nehmen, sie hatten immer so wahnsinnige Angst davor. Jonathan müsste nur mit dem kleinen Finger schnippen und ich würde in seinen Van einsteigen und staunend seine unsichtbaren Babykaninchen streicheln. Wenn dir etwas Entsetzliches zustößt, passiert zumindest mal irgendetwas.

Besser Tod durch Leben als ewiges Vegetieren. Als ich Jonathan das erste Mal gesehen habe, als die ewige Silvesternacht anfing, trug er Blue Jeans und ein weißes Hemd. An diesen Dezembertag erinnern wir uns, wenn wir auf seinem Samtsofa liegen, Lana del Rey hören und es wie eine Prophezeiung klingt. Sie hat gewusst, dass ich ihn treffen würde. Ich könnte den Rest meines Lebens hier mit ihm verbringen, Arm in Arm, oft die ganze Nacht, bis die Sonne aufgeht, so, wie auch wir uns eines Tages erheben werden, mit Geld, Macht, Ruhm, all den Dingen, die uns schon lange zustehen. *The sun also rises* und wir an ihrer Seite. Aber vorerst bewegen wir uns nicht. Wir lauschen nur, und wenn es dann hell ist, trinken wir schwarzen Kaffee und lesen uns gegenseitig unsere Texte vor.

Wir sind Luxus. Wir sind Lebensfreude. Wir sind glorreiche, alles ausnahmslos verschlingende Dekadenz. Wir sind die reichsten nicht reichen Menschen der Welt, die jeden Tag mehrmals *Geld essen* von K.I.Z. hören und sich bündelweise Hunderter ins Maul schieben würden, wenn sie nicht zu besoffen wären, um runter zum Bankomaten zu gehen. Cah, Cah, Money, wir sollten in einen Stripclub gehen, warte, wo ist denn hier einer, mach mal noch Rick Ross an, es ist tatsächlich nicht zu fassen, wie reich wir sind, so reich, so unglaublich reich, quasi alles in unserer Welt ist mit Gold überzogen.

Wir sind weiße Kids in einer Kleinstadt, die sich nach einem Dasein als Underdogs verzehren wie der Trinker nach dem Glas. Jonathan sagt, er ist ja auch einer, ein Halunke, ein richtiger Schurke. Quasi sein eigenes Kartell. Er wird noch zur Mafia gehen, ach was, er wird noch seine eigene Mafia gründen, den Rest machen nämlich nur Türken und Araber, pah, ob ich je von der Kosher Nostra gehört habe.

Das geht jetzt hier aber ab, verdammt. Die werden alle gefickt. Von König Jonathan dem ersten, und dann sollen sie niederknien und den Ring küssen, den Ring des Paten von Graz. Wir laufen in unseren BOSS-Sakkos aus dem Second-Hand-Laden durch enge Gassen, mit Weingläsern in der Hand, die wir ständig nachfüllen. Jonathan trägt in seiner Manteltasche eine Flasche mit sich, die sich immer schneller leert, es ist Vormittag und wir haben schon die zweite aufgemacht, obwohl ich kaum davon trinke. So, wie ich mich früher geritzt habe, um meinen Leerstand nach außen hin sichtbar zu machen, trinke ich jetzt blutfarbene Flüssigkeit auf offener Straße, das ist mein Blut, das für euch vergossen wird, zur Vergebung der Sünden.

Oft johlen wir laut über die Straße, schubsen uns, setzen uns Perücken auf oder denken uns Alter Egos aus, die unsere eigene Exzentrik um ein Vielfaches übersteigen, damit man uns ansieht. Alle sollen sie uns ansehen. Immer. Die Welt ist unsere Bühne, wir sind die unbekanntesten Stars, die dieser Himmel je gesehen hat.

Ewiger Himmel, ewiger Ballsaal, ewige Manie.

Wir sind Liebe. Grenzenlose, tödliche, ständig das Fass zum Überlaufen bringende Liebe.

Wir küssen uns nie. Wir schlafen nicht miteinander. Wir haben uns nie nackt gesehen und Jonathan sagt oft, ich wäre nicht sein Typ. Und doch habe ich nie wieder eine solche Beziehung mit jemandem erlebt, einen solchen Rausch. Das erste Mal einen Menschen zu sehen und das Gefühl zu haben, in einen Spiegel zu sehen, der nur zeigt, was man selbst schon immer war, doch sich nie traute zu sein. Jonathan versteht mich auf eine Art, die mir oft Angst macht. Als wäre er ich, wenn man jegliche Scham, jegliches gute Benehmen, jeglichen Fick, den ich geben könnte, von mir gerissen hätte wie ein Korsett, sodass nun mein eigentliches Selbst atmen kann. Während Milan in der Wohnung seiner Mutter auf dem Sofa sitzt, Bilder bearbeitet und nicht mit mir spricht, weil es ihm egal ist, dass ich ihm entgleite. Er versteht mich nicht. Er ist nicht wie ich. Niemand ist wie ich. Außer Jonathan.

Irgendwann lerne ich Jonathans Eltern kennen, zwei Menschen mit Brillen und Strickjacken, die in eindringlichem Ton zu ihm sprechen:

– Jonathan, du hast uns versprochen, dass du zur Suchtberatung gehst. Wir können dir nicht noch mehr Geld überweisen, nicht ständig. Was ist mit deinem Chanukka-Geld. Jonathan, sieh uns an. Wir haben dich weggeschickt, damit du loskommst von dem. Jonathan, bitte.

Seine Eltern sind gerade im Nebenzimmer eingeschlafen, als Jonathan sie schon weder weckt.

– Mama, kannst du mir zehn Euro geben, ich hab nix mehr, ich kann sonst nicht schlafen.

Und wir gehen rüber in den Volksgarten.

Unser verlängertes Silvester neigt sich dem Ende zu, als mir klar wird, wie tief eigentlich das Glas ist, in dem wir schwimmen, den Rand kann ich schon lange nicht mehr sehen. Dass Jonathan mich manchmal schlägt, stört mich nicht, denn wenn ich ihn dann mit einer Hand an seinem Hals gegen die Wand presse, ist er ohnehin zu benommen, um sich wehren zu können. Wenn er schon nicht mit mir schlafen will, dann kommen wir uns eben auf andere Art körperlich nahe. Durch kleinere Prügeleien. Jonathan hat das schon oft gemacht, er hat Fahrräder geklaut und Leute mit dem Taschenmesser abgezogen, einfach aus Bock. Das macht mir Angst, aber es zieht mich auch an. Ich werde immer tiefer in eine Welt hineingezogen aus Vierundzwanzig-Stunden-Bars, in denen Jonathan und ich so lange die Juke Box besetzen, bis jemand einen Aschenbecher nach uns wirft oder sie mich im Hangover mit meinem Namen begrüßen. Dazu ständige Beteuerungen, dass wir besser sind als alles andere, was sich je auf diesem Planeten bewegt hat. Wie ich einst in Bewegungslosigkeit versunken bin, versinke ich jetzt in viel zu schneller Bewegung. Meine Eltern haben mich keine Herdplatten anfassen lassen, meine Eltern wollten mir das alles ersparen. Aber Kinder, denen man die Grenzen allzu eng steckt, lernen nie, sich eigene zu bauen. So, wie ich exzessiv mit Geld umgehe, mit Essen, mit Internet, mit Alkohol, mit Ausgehen und mit Sex, so gehe ich nun exzessiv mit Jonathans Bekanntschaft um. Denn er ist wie all diese Dinge zusammen. Ein Disney-Prinz, ein aggressiver Golem, aus Champagner und Kaviar geformt.

Wieder zieht Treibsand mich mit stetig wachsender Geschwindigkeit weiter nach unten, und bald werde ich im unteren Teil des Stundenglases angekommen sein, das weiß ich. Irgendwann werde ich eine dieser Frauen mit Dauerwelle sein, die einmal im Monat für eine Stunde ihre Hand auf eine Glasscheibe legen, die Hand auf der anderen Seite berührend, in einen Telefonhörer sprechend. Ja, ja ich weiß, er hat Fehler, aber ich liebe ihn.

Niko nennt das alles Postfeminismus. Er singt für mich *Alejandro* von Lady Gaga und ersetzt die Namen von Stefani Germanottas Liebhabern durch die der meinen:
Don't call my name, don't call my name, oh, Milan.
I'm not your babe, I'm not your babe, Jonathan.

Ich verwandle mich immer mehr in Lana del Rey, oder, wie Jonathan sagen würde, eine fette Lana del Rey. Er nennt mich oft fett mittlerweile. Er schreit mich aus dem Nichts heraus

an, durch einen wattigen Vorhang aus Ethanol lallt er mir An-
schuldigungen zu. Langsam werden mir all diese Geschichten zu viel. Manchmal geht er in ein Laufhaus, immer zu derselben Frau, aber er benutzt keine Kondome, Kondome sind
was für Schwuchteln, sagt er. Das Geld dafür kratzt er durch
seinen Studijob zusammen, wo sie ihn wohl bald feuern werden, und durchs Plasmaspenden, wo er immer komplett druff
hingeht. Immer öfter verkauft er auch seine Bücher, Kleidung
oder Möbel. Er fühlt sich so krank in letzter Zeit, sagt er. So
zittrig. Als würde sein Körper nicht mehr funktionieren. Das
Mädchen und der Tod, da haben wir es ja, was ich mir seit
der Jugend so sehr gewünscht habe. Aber was soll das schon
bedeuten.

Sein Mitbewohner nimmt mich zur Seite und sagt:
    – Schau mal, ich weiß, du stellst dir das alles so geil vor,
    du hast da dieses Bonnie-und-Clyde-G'schicht'l im Kopf
    laufen, aber so ist es nicht, hau ab, es ist so offensichtlich,
    dass du in ihn verliebt bist. Hau ab, bevor er es auch noch
    merkt. Dann wird er voll auszucken.
Und Jonathan zuckt voll aus. An einem Mittwochmorgen,
als wir zusammen im Café Harrach sitzen, wir waren beide
seit Wochen nicht an der Uni, und Jonathan sich das vierte
und fünfte Glas Wein bestellt, nachdem er die Flasche aus
der Manteltasche geleert hat. Morgens, halb elf in Österreich,
jemand, den ich so liebe, dass ich schon zehn Minuten, bevor

ich bei ihm ankomme, bebe, schreit mich an. Ich sei hässlich, ich sei fett, arrogant, egoistisch, denke nur an mich selbst, lüge, sobald ich nur den Mund aufmache, würde es niemals zu irgendetwas bringen, sei eine Versagerin, im Gegensatz zu ihm. Jonathan wird immer lauter, die anderen Gäste schauen schon, sie wollen doch nur in Ruhe frühstücken, aber Jonathan schreit mittlerweile fast, Spucke schießt aus seinem weit geöffneten Mund, aus dem Rebe um Rebe herausdünstet, mein Gesicht verätzend.

Ich nehme meinen Mantel und gehe, und Jonathan läuft mir nach, durch den Park, und er beschimpft mich weiter, seine Augen treten aus ihren Höhlen hervor, blutunterlaufen, mit stierem Blick, und in diesem Moment ist es, als hätte jemand die Schärfe eines Bildes hochgestellt. Ich sehe jedes einzelne Detail mit geradezu göttlicher Klarheit, ich sehe Jonathan, der vormittags durch den Park geht, aus seiner Tasche noch eine Flasche gezaubert hat, das Sakko fleckig, das Hemd zerknittert, und seine beste Freundin anschreit. Wie ein überzüchteter Kampfhund, der am Zaun auf und ab rast, mit gefletschten Zähnen und wahnsinnig vor Zorn auf alles, was ihm entgegenkommt.

Also beschließe ich, dass ich genug verbotene Früchte in mich gestopft habe. Mir ist schlecht. Ich weiß nicht, ob ich je wieder werde essen können. Meine Haut wirft Blasen, weil ich mich über heiße Herdplatten gewälzt habe, als wären sie Daunenbetten, und ich habe mit dem ein Lager geteilt, wovor man mich und die anderen Kinder so lange so erfolgreich ferngehalten hat. Ich bleibe stehen. Und Jonathan geht weiter. Da, wo eben noch ich war, direkt neben ihm, als Zielscheibe seines Delirium Tremens, muss noch irgendetwas sein, zumindest für ihn, denn er schreit immer noch. Nach links stiert er, in die Luft, und wiederholt dabei geifernd meinen Namen. Er hat nicht gemerkt, dass ich stehengeblieben bin. Ich beobachte ihn noch ein wenig, wie er gestikulierend durch den Park geht, mit seiner imaginären Begleiterin, und sich immer weiter von mir entfernt.

Und als ich im Tribeka Niko gegenüber sitze und in meine weiße Schokolade hineinschluchze, da bin ich froh, dass die Unsichtbare nun meinen Platz eingenommen hat.

Leo

Selbstsabotage an der Grenzlinie

Nachdem ich innerhalb von zwei Tagen sowohl den Engel als auch den Teufel von meinen Schultern geschnipst habe, gibt es keine Grenzen mehr. Nach oben nicht und nicht nach unten – denn wer soll noch Autorität über mich haben, wenn nicht Gut und Böse – und mitten in diesem endlosen Ödland, in dem alles möglich scheint, ist nichts mehr möglich. Freiheit ist für mich immer eine Gefahr und mich mit der Welt alleine zu lassen nichts weniger, als einem Kleinkind Streichhölzer zuzustecken. Ich brauche Grenzen, um nicht auseinanderzufallen. Zu viele Möglichkeiten machen aus mir Sylvia Plath in einem Feigenbaum, und ich fühle mich schon viel zu oft wie Sylvia Plath. Man muss mir sagen, was ich tun soll, was ich nicht tun darf, man muss für mich alles benennen und mir Verbote erteilen, sie sind das Fundament, auf dem mein Leben aufbaute, von Anfang an. Ohne sie wird es zusammenbrechen, werde ich zusammenbrechen, wenn ich bis dahin nicht ohnehin schon weg bin. Aber bevor das geschehen kann, steht der Leerstand auch schon wieder in meiner Wohnung, wie ein alter Kumpel, der so sehr zu einem gehört, dass man ihn vermisst, auch wenn er einen nur bedrückt. Listig flüstere ich ihm zu, ich wäre gleich wieder da, und schleiche in Zeitlupe und mit ausdruckslosem Gesicht nach draußen, wate durch die Sümpfe der Traurigkeit wie früher durch Gallert, um möglichst schnell jemanden zu finden, der mir den Leerstand vom Hals schaffen wird, diesen Jugendfreund, der mein Sofa besetzt, mich zwingt, im Bett zu bleiben und mich mit Pizza Hawaii füttert. Schnell, schnell müssen die Grenzen der menschlichen Moral und geistigen Gesundheit wieder hergestellt werden, und das können alle auf Tinder, außer mir.

Und als Leo auf mir liegt, fällt mir auf einmal ein, dass er sowohl die dreizehnte Person ist, mit der ich schlafe, als auch die dreizehnte, die ich zu lieben beschließe, und ab heute, das weiß ich nun, wird dreizehn meine Glückszahl sein, denn hierbei kann es sich nur um ein Zeichen des göttlichen Vaters handeln.

Nachdem ich mich durch ein Land voller Koksleichen, Frauenschlägern und stillen Pappaufstellern gekämpft habe, überkommt Leo mich in seiner Normalität wie eine erzengelgleiche Barockputte, taucht meine verlorene Unschuld herauf aus den finsteren untiefen der Spätpubertät. Leo hat ein Gesicht, als wäre er der Sänger einer Band, die ausschließlich aus einander stark ähnelnden jungen weißen Männern mit Stupsnase und traurigen Augen besteht, und deren Songs nur von schönen Frauen handeln, die Carhartt-Beanies tragen und sie einfach nicht verstehen. Sein Haar sieht immer aus, als hätte er gerade Sex gehabt, auf einem Einzelbett unter einem die Mitwirkenden wohlwollend betrachtenden Pink-Floyd-Poster und er trägt Chinohosen in hosenuntypischen Farben wie Bordeaux oder Sanddorn, ein Farbspektrum, das mich auf beruhigende Art an meine Mutter erinnert. Seine jugendlich prallen Gesichtszüge scheinen auf merkwürdige Weise permanent zwischen stark unter und stark über der Volljährigkeit zu changieren, wie die Star-Wars-Sammelkarten in den Cornflakes, um die sich meine Schwestern früher immer gestritten haben. Diese Henning-May-artige Indiefresse ist es, in die ich mich verliebe. Er ist so schön, dass es beinahe etwas Dämonisches hat.

Was ich an Leo so schätze, ist, dass er auf angenehm normale Art unnormal ist. Er raucht nicht, gönnt sich aber gerne einen Gin. Er neigt weder in seinen politischen noch seinen ästhetischen Ansichten zum Extremismus, dafür trägt er Vans. Er spricht beim Sex mit mir, sagt allerdings nur vorzeigestudentische Dinge wie:

– Gefällt es dir, wenn mein Penis deine Scheide penetriert?, weil ihm andere Ausdrucksweisen zu niveaulos sind.

143

Er hat keine gröberen psychischen Probleme, mag aber Alligatoah. Vielleicht ist Leo in seiner, ein bisschen zu gut zusammengesetzten, ein bisschen zu biederen Coolness einfach nur das, was sich die Produzentinnen und Produzenten deutscher Telenovelas als perfektes Love-Interest für ihre von Verzweiflung gebeutelte Hauptfigur vorstellen, und der Teenager-Teil von mir, der der unschuldigen Liebe frönen will, der immer noch vor Simons Klassenzimmer sitzt, ihn stalkt und sehnsüchtig betrachtet, liebt alles an Leo. Diese Coolness, die nur auf in ewiger Pubertät verlorene Seelen wie mich wirkt.

Auf seinem Bett zu sitzen und darüber zu reden, dass die Arctic Monkeys die beste Band der Welt sind, verschafft mir in Kombination mit dem leicht asymmetrischen Lächeln auf seiner Hipstervisage und seiner Art zu sprechen ein gewisses Gefühl der Geborgenheit. Er wirkt immer ein bisschen, als würde er gerade von einem kreischenden Groupie angefallen und wäre zu gleichen Teilen überfordert, erschrocken und verlegen – möglicherweise, weil ich mich ihm gegenüber genauso verhalte.

Ich habe in dem einen Jahr, seit Manuel und ich das Erwachsen-Spielen aufgegeben haben, so viele merkwürdige Gestalten getroffen, dass Leo im wahrsten Sinne des Wortes mein Leo ist, mein Zufluchtsort. Eine Art menschliches Time-Out, ein weißer Fleck auf einer mit verblichenen Polaroids tapezierten Wand, auf dem sich die Augen ausruhen können. CBD-Tropfen für mein Herz.

Nachdem wir uns zwei Mal getroffen haben, erreicht mich eines Nachts eine Einladung in seine Gemächer, der ich ohne zu zögern und mit ein bisschen zu viel Begeisterung sofort nachkomme. Unglücklicherweise geschieht dies während eines experimentell angehauchten Abends in der Postgarage, während dem mir eingeschärft wurde, auf gar keinen Fall Alkohol zu trinken, woran ich mich leider nicht gehalten habe, sodass ich Leo, während ich mich anziehe, alle möglichen Dinge sage, etwa dass ich schon meinen Freunden von ihm erzählt habe, ihn sehr schön finde und es mir wahnsinnig leid tut, dass ich mich so awkward verhalte.

– Oh Gott, tut mir leid, aber ich habe Ecstasy genommen und ich habe das noch nie gemacht und das Bier war gar nicht alkoholfrei.

Leo sieht mich irritiert an und ich verbringe anschließend die nächste morgendämmernde Dreiviertelstunde damit, auf dem sehr weichen Gehsteig fast zerfließend auf das Taxi zu warten, während die erwachenden Vögel in meine Ohren hineinbrüllen. Am nächsten Tag weine ich auf Nikos Sofa so bitterlich, als wäre gerade meine gesamte Sims-Familie entgegen meiner Planung in einem tragischen Feuer umgekommen.

Meine grenzenlose Begeisterung, die jedes Mal sofort aufflammt, wenn ich jemand ansatzweise brauchbares kennenlerne, brennt jede aufkeimende zwischenmenschliche Beziehung nieder. Somit bin ich vielleicht einfach dazu verdammt, mein Leben an der Seite von ekelhaftem Pack wie Jonathan zu fristen, danke Borderline. Vierundzwanzig Stunden am Tag, dreihundertfünfundsechzig Tage im Jahr möchte ich mir nur selbst die Fresse einschlagen dafür, dass ich immerzu mein eigenes Glück sabotiere. Vielleicht tue ich das nur aus Angst. Weil ich mich davor fürchte, gut behandelt zu werden und ein normales Leben zu führen, in einem Reihenhaus am Stadtrand mit Kieseinfahrt und Gasgrill. Weil ich nicht wieder in Bernstein eingegossen sein will. Ich fühle mich wohler damit, mit Füßen getreten zu werden, bis ich nicht mehr aus eigener Kraft aufstehen kann. Das erfordert keine Initiative von mir, nur passives Leid. Ich bin zu faul zum Glücklichsein. Das habe ich im Übrigen auch gar nicht verdient.

Leo und ich haben uns wahrscheinlich schon wieder vollkommen vergessen, er, wie ich ihm zu viel war und ich, wie er mir genau richtig viel war und wie das weh getan hat, da schreibt er mir auf Tinder, und als er mich auf meinem Balkon fragt, ob ich ihm einen blasen werde, zeige ich ihm das Tattoo auf meiner Unterlippe: NEIN.
Ich tue es trotzdem, und danach sitzen wir beide mit verwirrten Gesicht auf meinem IKEA-Prinzessinnenbett, und Leo sagt:
    – Weißt du, ich glaube schon länger, dass ich vielleicht asexuell bin. Oder schwul.
    – Oh.

Ich fühle mich wie die Hauptfigur in einem spannenden neuen Serienprojekt von Lena Dunham.

Alex

Ein Epos von ewiger Sicherheit

Ich kann nicht alleine sein. Zu keiner Zeit, an keinem Ort, denn wenn niemand da ist, um mich zu betrachten, existiere ich nicht und habe keine eigene Form. Wie ein Irrwicht. Wie meine Mutter mit ihren hundert Fotos, die ihr Mann von ihr gemacht hat, um ihr zu beweisen, dass es sie wirklich gibt. Ich darf nicht aufgeben, niemals, und laut meiner Logik muss ich mich mit möglichst vielen treffen, um die Chance zu erhöhen, es könnte jemand brauchbares dabei sein. Ein vor Potenzial silbrig glänzender Glückskandidat, um neben mir auf dem Thron zu sitzen und mit seinen Berührungen die Ränder meines Körpers abzustecken. Gerade jetzt, wo es Sommer ist und mein Körper und seine Grenzen wieder zerfließen, ist das Bedürfnis nach Liebe groß, und deswegen treffe ich mich mit irgendeinem Typen von Tinder, von dem ich noch nichts weiß, und später bin ich froh, doch nicht in letzter Sekunde abgesagt zu haben. An diesem Abend tut mir wieder der Bauch weh von meinem gestörten Essverhalten, nach all der Zeit bei einer strahlenden Mutter, die tausend Mal am Tag erwähnte, sie sei zu fett und dürfe nichts essen. Aber rückblickend betrachtet war ich noch nie so froh, ein Date nicht abgesagt zu haben.

Alex und ich lieben uns von der ersten Sekunde an, als wären wir ein Paar in einem altertümlichen Heldenepos. Von uns, das muss jedem Menschen mit Augen im Kopf und Hirn im Schädel klar sein, von uns werden sie noch in tausend Jahren singen.

Unsere Geschichte, die Geschichte der früheren Herrscher, wird bei nächtlichen Gelagen dem neuen Königspaar vorgetragen werden, dem degenerierten Adel, der sich von Sklaven Weintrauben ins Maul schieben lässt, und

– Ach,

werden sie sagen,

– Ach, Alex und Lena, damit können wir nicht mithalten,

und einander traurig zuprosten.

Die Kinder werden auf der Straße sitzen, im nuklearen Staub, auf glühender Erde, im Hintergrund brennende Kontinente, und wenn sie zwei unterschiedlichen Genders beieinander hocken sehen, werden die anderen Gschrappen sie verhöhnen:

– Wie Alex und Lena, so seid ihr,

werden sie einander zuprosten.

Wenn die Oberhäupter des Planeten besorgt an den Horizont starren, wo sich eine Wolke aus aufständischen Arbeitern nähert, bereit, sich der Produktionsmittel zu bemächtigen und ihrerseits die bestialisch stinkenden Köpfe des Fisches, der sie alle sind, abzumurksen und zu fressen, und wenn sich die alten weißen Männer in den letzten Momenten ihrer viel zu mächtigen Leben sicher sind, es hätte nie etwas Gutes, Schönes oder Gerechtes in diesem Höllenpfuhl an Welt gegeben, dann werden sie noch ein letztes Argument haben.

– Alex und Lena, das war der Beweis dafür, dass nicht immer alles schlecht war,

werden sie einander zuprosten.

Wir setzen uns an den Tisch ganz hinten in der Ecke und wir werden heiraten. Wir bestellen die Getränke und wir werden Kinder bekommen. Wir sprechen miteinander und alles ist gut. Immer ist alles gut oder alles schlecht bei mir. Jemand wie Alex macht alles Leid, das ich je erlebt habe, vergessen, und sollte er jemals gehen, dann wird der Kanaldeckel, auf dem ich stehe, kippen und ich werde hinabstürzen in die grausigen Fluten der gelierten Einsamkeit und darin ersaufen wie ein Weberknecht, den man vor dem Bad mit dem harten Strahl des Duschkopfes in den Abfluss spült.

Alex ist achtzehn Jahre alt, studiert Jus und hat dunkles, fast schwarzes Haar, das so fest ist, dass man aus den Wellen mit bloßer Hand immer neue Ozeane formen kann, eine Akti-

vität, die ich bis an mein Lebensende ununterbrochen auszu-
üben gedenke. Wellen, auf deren Struktur man sich ausruhen
kann wie in der salzigen Stabilität des Toten Meeres, ohne
Angst vor dem Ertrinken in ungewissem Treibsand, sei er nun
manisch oder depressiv.

Sein Gesicht scheint immer zu lachen, auch wenn er selbst
es gerade nicht tut. Alles in allem entspricht Alex der puren
Allegorie von Lebensfreude. Schön. Fröhlich. Gesund. Als
hätte man in mühevoller Handarbeit goldenes Licht in eine
menschliche Form eingegossen. Von Anfang an besteht kein
Zweifel an der Selbstverständlichkeit unserer Verbindung.
Andere Menschen würden sich erst ein paar Mal treffen,
sich besser kennenlernen, eventuell miteinander schlafen,
um dann zu entscheiden, ob sie das Risiko einer ernsthaften Beziehung eingehen wollen. Aber all das brauchen wir
nicht. Wir haben das Schicksal. Wie im Disney-Film sehen
sich Prinz und Prinzessin und sie wissen, dass sie die eine,
die wahre Liebe gefunden haben, und dass diese Liebe ewig
halten wird.

Nachdem wir Gin Tonic getrunken haben und kurz eine winzige, wie eine Nadel stechende Erinnerung an Leo vor ein
paar Monaten in meinem Hinterkopf aufgeflammt ist, die ich
schnell wieder verscheuche, mäandern wir ziellos durch die
dunkle Stadt. Nervös lachend versichern wir uns gegenseitig,
der nächste Laden müsse nun aber definitiv offen haben, das

könne es ja wohl nicht sein, aber insgeheim wissen wir natürlich beide, dass uns das mehr als recht ist, dass unsere gemeinsame höchste Priorität das Aufschieben weiterer Aktivitäten und somit unseres Abschieds ist. Beim Küssen drücken wir uns gegenseitig an Mauern, als wollten wir die andere Person am Weglaufen hindern, als gälte es, mit aller Gewalt diesen Hunger zu stillen, den wir erst seit ein paar Stunden überhaupt kennen. Alex atmet mein Parfum ein, als sei es der Geruch des Paradieses, ich hänge noch viel mehr mit meinen Ohren an seinen Lippen als mit meinem Mund, an seinem weichen Akzent.

Insgesamt dauert unser erstes Date vierundzwanzig Stunden, weil wir uns nicht voneinander trennen können. In dieser Zeit liegen wir uns in einem engen Studentenheimzimmer voller Kerzen und Rosenwasser in den Armen, ich esse auf seinem Balkon Nudeln, während er mit seinen Eltern telefoniert, bastle mir auf der Toilette eines Kebabladens einen provisorischen Tampon aus Klopapier, und am Ende fühlt es sich an, als wären wir seit Jahren zusammen. Da ist keine Scham, keine Nervosität oder Ängstlichkeit. Nur absolute Gewissheit. Nachdem wir Hand in Hand am Fluss entlangspaziert sind und einvernehmlich beschlossen haben, dass es jetzt aber wirklich genug ist, drehen wir uns im Abschied gleichzeitig nach der neuen Liebe um und sehen die Tränen, die gleichzeitig in unseren Augen aufsteigen.

Alex ist absolute Sicherheit. Niemand könnte mich jemals so sehr lieben wie Alex, niemand ihn jemals so sehr wie ich. The greatest story ever told. Zum ersten Mal in meinem Leben verschwende ich keine einzige Sekunde an die Sorge, man könnte mich verlassen. Dass Alex das nie tun wird, weiß er genauso gut wie ich.

Romeo hat Julia nicht verlassen,

Philemon Baucis nicht,

Brangelina sind zu diesem Zeitpunkt auch noch zusammen.

Aber wenn ich sage, dass Alex und ich ein Heldenlied sind, dann meine ich eigentlich nur ein spezielles Heldenlied, eines, das ich dutzende Male gelesen habe, weil ich seine Schönheit einfach nicht begreifen konnte: Tristan und Isolde, die einander durch höhere Mächte innerhalb eines Moments vollkommen und unwiderruflich verfallen, die zusammen bleiben und schlussendlich ohne einander nicht leben können.

Und an Tristan, wie er singt:

Isolde, meine Freude, Isolde, meine Not

Du bist für mich das Leben, du bist für mich der Tod

Ich kenne Alex seit wenigen Tagen, als ich mir sicher bin, dass ich neben ihm beerdigt werden möchte. Dieser Sommer, in dem wir uns kennenlernen, ist ein Sommer frei von Realität und ohne Abschluss, und wir beide haben nichts anderes zu tun, als uns zu lieben. Als wäre diese Jahreszeit nur für uns beide erschaffen worden, endlose Flitterwochen.

Alex macht oft Fotos von mir und zeigt sie mir danach:

– Schau her, schau, wie schön du bist.

Er sagt, ich würde ihn an eine Katze erinnern, oft würde ich im Spiel kratzen, beißen und um mich schlagen, aber tatsächlich wäre ich zahm und zutraulich, wenn man mich nur sanft genug berühre. Er erzählt allen, die er kennt, von seiner Freundin, zeigt mich her wie ein seltenes Juwel, so stolz ist er, mich zu haben. Es war noch nie jemand stolz darauf, mich zu haben.

Ich treffe nie wieder jemanden, der ein solches Aufsehen um mich veranstaltet, als wäre meine Seele wieder eingefasst in eine vergoldete Monstranz mit dem Leib Jesu Christi darin und Alex der Priester, der sie am ausgestreckten Arm durch das Dorf trägt. Der mein jahrelanges entbehrungsreiches Wühlen zwischen den Beinen anderer nach der Essenz meines Ichs zu schätzen weiß, der erkennt, dass ich mich nur für ihn habe zurechtschleifen lassen, von grobschlächtigen Handwerkern wie Achmed. Für ihn, den einzig Wahren, der die mit sich verflüssigendem Reliquienblut befleckte Hostie, die in mir schlummert, langsam auf seiner Zunge zergehen lassen wird, um unsere ewige Verbindung zu besiegeln vor Gott und der Welt.

– Seht, was der Herrgott mir geschenkt hat.

Wir liegen nebeneinander auf dem Bauch in der hintersten Ecke des Augartenbads, dort, wo man die Menschheit nur noch als entferntes Rauschen wahrnimmt, die Augen in dasselbe Reclamheft versunken, die Geschwindigkeit unserer Geister perfekt aneinander angepasst, als wären wir ein einziges Wesen, und wenn wir gleichzeitig umblättern und sich unsere Finger berühren, fühlt es sich an wie das erste Mal.

Alex spielt mir stundenlang deutschen Oldschool-Hiphop vor, erklärt es für jammerschade, dass ich nicht A-N-N-A heiße und wir jagen uns gegenseitig erst durch ein verlassenes Industriegelände voller Graffiti, auf dem Jahre später eine Location für urbane Technohappenings entsteht, und dann über eine Müllkippe, die, wie Alex findet, genauso riecht wie der Kaffee, den ich manchmal versuche zu kochen.

Ich kaufe ein Buch mit Liebesgedichten, das *Ab heute, aber für immer* heißt, und wir lesen uns abwechselnd daraus vor. Einfach nur wegen des Namens. Weil es so sehr stimmt. Weil kein Zweifel daran besteht und nie welcher daran bestanden hat, dass das hier für immer ist.

Wir besteigen in der Morgendämmerung erst uns und dann einen Zug in eine andere Stadt, deren Glanz wir gemeinsam als erstes betrachten wollen, denn alles, was wir beide tun, fühlt sich an, als hätte es vor uns noch nie jemand getan, als hätten wir es erfunden, so rein ist es alles, so rein ist mein Körper auf einmal wieder, gewaschen von seiner Liebe, die alles, was je war, wegwischt, und Achmed zu erneuter Ein-

samkeit in seinem Regenwald der Schmerzen zwingt. Alex
kann mich in dieser fernen Stadt in einem kleinen Café nur
mit juristisch stichhaltigen Drohungen davon abhalten, einen
losen Holzklotz aus der Wandvertäfelung hinter mir zu ent-
wenden, weil ich so, so dringend etwas Massives als Gegen-
pol zu der Eleganz und Leichtigkeit dieses Tages möchte,
etwas, das mich für immer daran erinnern wird. Schlussendlich bleibt mir nur ein Foto, das eine japanische Touristin auf
einer Brücke von uns gemacht hat. Ich streiche mir mit dem
Ärmel meiner Jeansjacke die Haare aus dem Gesicht, vollkommen fassungslos darüber, wie ein einzelner Mensch so
mit Glück überschüttet werden kann, und Alex blinzelt ver-
schmitzt in die Sonne, seinen Arm um mich gelegt, sein Haar
in ebenso friedlicher, fast bewegungsloser Sanftheit verharrt
wie der Fluss unter uns. Keine plötzlichen Bewegungen. Kein
Gallert, kein Leerstand, keine grenzenlose Gefahr.

Nichts, wovor man sich fürchten müsste.

Mehrmals die Woche besuchen wir eine kleine türkische Bä-
ckerei, die, so scheint es, nie geschlossen ist, immer bereit,
uns zu empfangen, und füttern uns mit astronomischen Mengen an Spinatbörek und Tulumba. An Samstagen bringe ich
Alex zu dem kleinen Laden, in dem er arbeitet, und verste-
cke mich im Hinterzimmer, als sein persönliches Geheimnis,
das er jedes Mal neu entdeckt, wenn ein Kunde das Geschäft

verlassen hat. Während Alex einen Monat bei der Familie seiner Mutter in Tschechien verbringt, schicken wir uns jeden Abend Sprachnachrichten. Sprachnachrichten und Fotos. Sprachnachrichten und Fotos und Sehnsüchte. Alex sagt mir, dass er an nichts anderes denken kann als an mich und ihn und eine dunkle Gasse im Licht einer einzelnen gelb flackernden Natriumdampflaterne.

In diesem Sommer, als eine solche Hitze erst beginnt, zur Selbstverständlichkeit zu werden, in dem man noch darüber spricht, wie sie einem die Haut wie Schmelzkäse vom Körper suppt und den Geist träge macht, als der Weltuntergang noch nicht Teil des allgemeinen Alltags ist, entlädt sich der Himmel fast jeden Abend in beinahe apokalyptisch anmutenden Gewittern, die wir durch die heruntergelassenen Jalousien in Alex' Zimmer betrachten, unsere Körper aneinandergepresst, die Decke über uns gezogen, wissend, dass uns nie wieder etwas zustoßen kann, solange der andere bei uns ist. Die Kerzen brennen immer noch, das Rosenwasser hat seinen Duft nicht verloren, seit Monaten nicht, und der Lack blättert nicht ab. In der Dunkelheit seines Zimmers spielt er mir Melodien auf der Gitarre vor, die es bis vor wenigen Sekunden noch nicht gegeben hat, die neu erschaffen worden sind, nur für mich, und genau wie diese Melodien ist unsere Liebe neu und frisch wie am ersten Tag, und wird es immer sein.

– Ich bin der Grund dafür, dass etwas existiert,

denke ich mit solch kindlichem Staunen, dass es mich wundert, dass man mich und meine Faszination nicht im ganzen Viertel hören kann. Nach solchen Gewittern tapsen wir in der Dunkelheit auf den Balkon hinaus, um uns der Unversehrtheit von Alex' Basilikumpflanzen zu vergewissern. Immer sehen sie genauso aus wie vor dem Gewitter. Nichts kann sie erschüttern.

Jeden Tag macht uns Alex Frühstück, wir zeigen uns YouTube-Videos und er sieht mir auf dem Balkon beim Schreiben zu. Jedes Mal denke ich, wie wahnsinnig gerne ich etwas über ihn schreiben würde, und jedes Mal beschließe ich, es nicht zu tun, weil die schriftliche Darstellung nie dem echten Alex aus Fleisch und Blut gerecht werden würde. Weil ich das ohnehin nie brauchen werde, weil er ja immer bei mir sein wird. Weil man sich kein Bild von Gott machen soll. Ich sage ihm, dass ich ihn liebe. Er sagt mir, dass er mich auch liebt. Alex wird mich niemals verlassen.

Nach einigen Wochen beginnt die Uni wieder, ich ziehe von meiner großen, leeren Wohnung am Stadtrand in eine kleine im Zentrum, die ich mit einer verschreckt wirkenden jungen Frau mit hervorstehenden Schlüsselbeinen teile, der es sichtlich Probleme bereitet, mir beim Sprechen in die Augen zu sehen. Ich lerne Alex' Eltern kennen, die mich, wie ich später erfahre, über alles lieben, aber auch etwas zu dick finden, das könne zu irreparablen Gelenkschäden führen. Diese ungefragt gestellte Diagnose finde ich ebenso unverschämt wie verunsichernd, aber sie stört mich nicht weiter. Mir kann nichts passieren.

Am Mittwoch der zweiten Universitätswoche verabreden Alex und ich uns in der Mittagspause. Ich hole ihn ab und möchte in ein Café, was er nicht möchte, er möchte spazieren, ich möchte ihn küssen, was er nicht möchte, er möchte sich hinsetzen.

– Ich möchte auf diese Bank, da saßen wir auch bei unserem ersten Date,

jammere ich.

– Ich möchte auf diese, da sind weniger Menschen. (…) Ich muss mit dir reden. Du hast sicher gemerkt, dass da eine Kluft zwischen uns gewachsen ist, dass da keine Nähe mehr ist, seit ich aus Tschechien zurück bin.

– Nein.

– Ich hätte auch gar keine Zeit, die Uni, ich will in Mindestzeit fertig werden, die Arbeit, und meine Freunde, du weißt ja. Solange ich studiere, kann ich eigentlich gar keine Freundin haben. Es war sehr schön, aber es ist sicher das Beste, wir belassen es dabei und behalten es als eine romantische Erinnerung, nicht wahr?

Während meine beste Freundin neben mir auf dem Bett in meinem noch nicht fertig eingerichteten Zimmer sitzt und versucht, mich mit ihren gebräunten Armen davon abzuhalten, mich im Salzwasser meiner eigenen Tränen aufzulösen und vollends hinunterzustürzen in den Kanal, der die ganze Zeit in meinem Unterbewusstsein auf mich gewartet hat, bekomme ich eine Nachricht von Milan, der heute seinen Geburtstag im Q feiern möchte und mich einlädt. Milan und ich haben uns vor mehr als einem halben Jahr getrennt, ich verachte ihn beinahe so sehr, wie das Q und im Übrigen stehe ich gerade vor den Scherben meiner Existenz und muss mich zusammenreißen, mir nicht mit einer davon die Halsschlagader zu durchtrennen, also antworte ich ihm, dass ich nicht kommen werde, weil meine beste Freundin da ist. Milan erklärt unter Zuhilfenahme einer Emojikombination, wie man sie sonst nur von Männern über vierzig kennt, wenn sie mit Sexarbeiterinnen kommunizieren, das sei umso besser, zwei heiße Frauen, und lässt auch nach mehrmaligem Nein nicht locker. Ich schalte mein Handy aus und weine weiter.

Am nächsten Tag werde ich von einer Lawine aus Nachrichten erschlagen, in denen Milan mir vorwirft, ich hätte ihm seinen Geburtstag ruiniert, indem ich nicht aufgetaucht sei, das sei nun wirklich boshaft und inakzeptabel von mir gewesen. Ab da verachte ich Milan sogar noch mehr als das Q, bis er mich einige Zeit später wiederholt kontaktiert und natürlich unter völliger Ignoranz gegenüber meinem Nein anfleht, mit ihm zu schlafen, weil er und seine neue Freundin jetzt eine offene Beziehung führen und sich sonst leider niemand findet. Dann ist Milan für mich nicht einmal mehr der Pappaufsteller eines Menschen, bestenfalls der eines Insekts mit besonders abstoßendem Äußeren.

Man hat mir gesagt:
– Sieh nur, diese Höhle, da bist du sicher. Da draußen, ja, da draußen tobt natürlich der Sturm, da draußen hat es minus vierzig Grad und Tiger und Wölfe warten nur darauf, sich an deinem Fleische zu laben. Aber dorthin musst du nicht. Du darfst in dieser Höhle bleiben, für immer, keinen Kreuzer musst du bezahlen, siehe, die Wände sind verkleidet mit kostbaren Teppichen, die Teller sind aus Gold, die Becher aus Silber, der Boden ist bedeckt mit den weichsten Fellen, Merino, Angora, Kaschmir. Gewänder aus Seide liegen dir bereit, damit du deinen weißen Körper darin einhüllst, tausend Feuer brennen alle Zeit, denn niemals sollst du frieren.

Ich habe dort gelebt, in dieser Höhle, als stolze Eremitin, wie ein Fötus im Uterus, aber jetzt ist sie über mir zusammengebrochen, und ich liege nackt und blutend in der Kälte, während die Unwetter auf mich einprügeln und wilde Tiere mir das Fleisch aus den Flanken reißen. Und ich kann nichts dagegen tun. Ich bin gelähmt. In den nächsten Wochen fühlt sich jeder einzelne Schritt an, als wäre ich eine uralte Frau, die sich gegen einen Orkan stemmt.

Meistens schaffe ich es nicht zu meinen Vorlesungen, weil die fünfhundert Meter zur Straßenbahn in meinem Kopf Stunden dauern und meine Beine danach schmerzen vor Anstrengung. Ich meine, permanent zu verbluten, ohne jemals damit fertig zu sein, und nachts weine ich so laut, dass meine Mitbewohnerin nicht schlafen kann.

Ich sterbe die ganze Zeit, ernte aber niemals die süße Frucht der Totenruhe. Meine Mutter versucht, mich zu sich und meinem Vater mitzunehmen, damit ich mir nichts antue. Als ich ihr sage, dass ich ihr Angebot zwar durchaus zu schätzen weiß, einen Aufenthalt in dem Gallertpalast aber eher für einen zusätzlichen Grund für Selbstmord halte, schiebt sie mit dem Ärmel ihrer Strickjacke alle Blister und Pillendöschen vom Regalbrett hinunter in einen kleinen Korb.

– Du musst nur den heutigen Tag überstehen,
sagt sie.
– Wieso?
Eine kleine Begeisterung kocht ihn mir hoch.
– Was passiert morgen?
– Morgen musst du wieder nur heute überstehen. Und das machst du so lange, bis es vorbei ist.

Sie erhebt sich schwerfällig von meinem Bett, um mich zum Abschied im Arm zu halten. Leider vergisst sie den Korb mit den Pillen nicht. Es ist vielleicht besser so. Die Welt ist noch beängstigender und unvorhersehbarer geworden, als sie es in meiner tiefsten, leersten Jugendzeit war. Alex ist weg, und es kann jederzeit alles passieren.

Vielleicht bricht der Himmel auf und es regnet Blut auf uns beide nieder. Vielleicht bricht der Planet entzwei und enthüllt seinen lodernden Magmakern wie ein dreizehntausend Kilometer großes Chili-Cheese-Nugget. Vielleicht werde ich in zwei Sekunden eine Flasche Rohrreiniger trinken oder in meinen alten Kindergarten fahren, um von dem tödlichen Pilz zu kosten. Alles ist jetzt möglich.

– Du übertreibst,

sagen sie,

– Ihr wart nicht einmal drei Monate zusammen, davon mehr als ein Drittel nicht im selben Land. Was soll so eine Beziehung schon für eine Lücke hinterlassen, die meisten Menschen haben längere Beziehungen zu ihrem Kühlschrankinhalt.

Was sie nicht verstehen, ist, dass wir nicht nur drei Monate zusammen waren. Diese Beziehung ist im Zeitraffer verlaufen. Wie sonst hätten wir uns innerhalb von zwei Stunden verliebt, wie sonst hätte sich Alex innerhalb weniger Tage entliebt?

In der Zeit, die Alex und ich miteinander verbracht haben, hätten wir beide unsere Studien abschließen, finanzielle Unabhängigkeit vom Elternhaus erlangen, zusammenziehen, heiraten, Karriere machen, mehrere Kinder heranwachsen sehen und in Pension gehen können. So hat es sich angefühlt. Weit und breit die schönste Ewigkeit.

Ich war schon lange nicht mehr bei meiner Therapeutin. Der Mensch ist ein dummes Tier, das seinen momentanen Zustand immer für den allgemeinen hält und denkt, wenn es einmal ein paar Monate Zugang zu Serotonin hat, ist es geheilt. Normalerweise habe ich auch zu große Angst, sie anzurufen. Ich telefoniere nicht gerne, ich fürchte mich vor Menschen. Aber dann schaffe ich es doch irgendwie.
   – Wie geht es Ihnen?
   – Schlecht. (weint)
Ich erzähle ihr von den Tagen auf dem Balkon, und wie Alex mich behandelt hat, wie ein kostbares Kleinod. Dass mich noch nie jemand so behandelt hat, dass mich niemals wieder jemand so behandeln wird, dass ich es früher schon vermisst habe, jetzt aber vollends unfähig bin, ohne all das auszukommen.
   – Sie wissen doch, dass das unrealistisch ist, natürlich kann nicht immer alles schön sein,
sagt meine Therapeutin.
   – Ja, aber ich habe das Gefühl, vollkommen gelähmt zu sein. Erstarrt.
   – Weil Sie es zulassen. Wissen Sie, das Leben ist nicht nur Gitarre und Börek.

– Wenn es das nicht ist, dann will ich es vielleicht gar nicht.

Meine Therapeutin schweigt. Sie versteht nicht, dass ich absolut keine Kontrolle über meine Gefühle habe. Dass sie über mir zusammenschlagen wie meterhohe Wellen und ich mir nicht aussuchen kann, ob ich sie zulasse oder nicht. Ich bin ihnen ausgeliefert.

Alex und ich haben uns Tickets für ein Konzert gekauft, damals, als das Leben noch vorhanden war. Als noch irgendetwas vorhanden war. Bevor ein neuer Leerstand in mir anbrach, ein so ungeheurer Leerstand, dass es dafür kein menschliches Wort mehr geben kann. Es ist die Band, die den Soundtrack zu unserem ersten Mal gespielt hat. Ich frage ihn, ob er immer noch mit mir hinwill. Trotz allem. Er sagt ja.

Vor dem Konzert, das das Ruder vielleicht noch herumreißen kann, esse ich tagelang nichts. Ich kaufe mir ein neues Kleid und versuche, möglichst aufrecht und schön zu wirken, breche aber in dem Moment zusammen, in dem ich ihn sehe. Wir sind zu früh da, also sitzen wir wieder am Fluss, an einer Stelle nicht weit von der, wo wir vor drei Monaten gesessen haben. Diesmal regnet es in Strömen, auf das gläserne Vordach, unter dem wir kauern. Der Heilige und die Hure, die er verstoßen hat. Mir ist schon in dem Moment klar, dass er mich nicht zurücknehmen wird. Mein Vater hatte Recht, ich bin ein Wrack. Ich verfaule unter der konstanten Feuchtigkeit, mit der meine Wangen nun benetzt sind. Auf dem Konzert treffen wir eine Bekannte von Alex:

– Deine Freundin?

– Exfreundin,

sagt er, ohne nachzudenken, mit fester Stimme.

Drei Monate waren wir zusammen, und drei Monate sind wir getrennt, als ich das letzte Mal von Alex höre.

– Ich weiß nicht, ob das angebracht ist, aber: Alles Gute
    zum Geburtstag,

schreibe ich.

– Ist es nicht. Danke,

schreibt er. Ich verbringe die Nacht bei Minusgraden auf dem Dachboden der Technischen Universität, mit einem Tinderdate, billigem Rotwein und lustlosen Bewegungen auf unseren ausgebreiteten Pelzmänteln, direkt neben dem modernden Skelett einer Straßentaube.

Am nächsten Morgen sitze ich verkatert beim Begräbnis meines Großvaters und kann nicht weinen. Mein Großvater und ich hatten nie ein inniges Verhältnis zueinander, er war schon lange krank, er hat gelitten, ich freue mich sogar ein bisschen für ihn. Dann denke ich an Alex, und noch Monate später spricht die gesamte Großfamilie über Lenas Tränenfeuerwerk in der zweiten Reihe rechts der Friedhofskirche Feldkirchen. Sie muss den Opa wirklich geliebt haben. So ein gutes Mädchen.

Auf dem Heimweg fahren meine erste Schwester und ich im Auto am Landeskrankenhaus vorbei, und meine Schwester erklärt ihrem fünfjährigen Sohn, dass wir Tante Lena dort absetzen werden. Tante Lena hat das für sich selbst so beschlossen.

– Warum?,

fragt mein Neffe vom Rücksitz.

– Weißt du noch, die Prinzessin in dem Stück, das wir einmal gesehen haben? Die so traurig war und dann zum Doktor musste? Lena hat das auch, die Traurigkeitskrankheit. Sie geht jetzt da rein und dann ist sie wieder gesund.

– Okay,

nickt mein Neffe.

Tante Lena weiß, dass sie sonst sterben wird, denke ich.

Ich sitze zwei Wochen bei Minusgraden im Innenhof der Psychiatrie und rauche Kette, bin zumindest in diesen Momenten der Luft- und Lungenverschmutzung nicht komplett verzweifelt. Die Gewissheit, dass ich nun ein erwachsener Mensch bin, wenn auch nur offiziell, dass dies ein anderes Krankenhaus ist als damals und dass man mir hier nichts tun kann und wird, verleiht mir einen Funken Optimismus. Erwachsensein ist etwas, dass ich seit den ersten Übungen beinahe so sehr liebe wie Rauchen. Als ich mit Alex zusammen war, habe ich aufgehört. Jetzt werde ich nie wieder aufhören, denn der Gedanke, mich langsam zu vergiften, verleiht mir Halt.

Ein Projekt, an dem ich langfristig arbeiten kann. Das Nikotin trocknet die Tränen. Zwischendurch spreche ich mit einem alten Therapeuten, der aussieht, als könne man sich zuhause Stockfotos von ihm herunterladen. Ich sage ihm, dass ich mich gerne umbringen würde. Dass ich als Kind Ministrantin war, dass ich katholisch erzogen wurde und in den Himmel kommen werde.

   – Welcher Teil von Ihnen kommt dann in den Himmel? Das, was Sie jetzt sind?

   – Ich...ich weiß nicht.

Darüber habe ich mir noch nie Gedanken gemacht.

An diesem Tag beschließe ich, dass ich, um ewiger Folter im Jenseits zu entgehen und das Paradies wirklich als solches genießen zu können, als die bestmögliche Version meiner Selbst draufgehen und mich also bezüglich Suizid zurückhalten muss, solange ich unglücklich bin. Ich will diesen Zustand nicht auf ewig festhalten. Niemand will eine Bernsteinkette, in der ein trauriges Insekt eingeschlossen ist. Das Insekt soll strahlen und glänzen durch den Aspik.

   Langsam verwandle ich mich von einem Geist zurück in eine Disney-Prinzessin. Eine aufgedunsene Disney-Prinzessin aus Rauch mit ausdruckslosem Gesicht, die ihr Studium abbricht und ihre Berater fragt, wie sie es schaffen soll, zu duschen oder zu sprechen oder überhaupt zu existieren. Aber eine Prinzessin.

Alex hat gesagt, wir können weiterhin befreundet sein. Und nein, er wird keine andere Freundin haben, solange er studiert. Das wäre ja ungerecht. Fast so ungerecht, wie von einem Heldenepos zu erwarten, er möge nie enden. Fast so ungerecht, wie etwas Schönes zu hassen, weil es nicht lange gedauert hat. Fast so ungerecht, wie einem Achtzehnjährigen die gesamte Verantwortung für das ewige Paradies einer fast Fremden zu übertragen. Einen Achtzehnjährigen, der das ewige Paradies so sehr verdient hätte, wie kein anderer Mensch auf der Welt.

Und ich bleibe dabei: In tausend Jahren werden sie von uns singen.

Michael

Tschuldigung, hätten Sie vielleicht fünfzig Cent für ein Pittinger?

Es ist ein Donnerstagvormittag in einem kalten Winter, ich bin zwanzig Jahre alt und denke oft an *Revolving Doors* von den Gorillaz, wo ich nie verstehe, ob es nun heißt *I feel like I'm paused by all the bills* oder *I feel like I'm paused by all the pills*. Dann komme ich meist zu dem Entschluss, dass es im Grunde genommen egal ist, weil ja sowieso beides auf mich zutrifft.

Ich habe keinen Job, kein Studium, kein Bewusstsein dafür, dass ich überhaupt existiere, kein Geld, und keine Ahnung, was ich vom Leben will, als ich aufwache, mich nach links drehe und denke:

– Scheiße, was ist jetzt schon wieder?

Anscheinend ist es wieder Zeit geworden, auf heiße Herdplatten zu greifen.

Gestern Abend bin ich mit meiner Hornbrille und meinem fleckigen Trailerpark-Pulli zum Spar in der Hans-Sachs-Gasse gegangen, um neues Pittinger und Cini Minis zu kaufen, ich konsumiere momentan kaum etwas anderes als Pittinger und Cini Minis. Michael hatte eine dunkelrote Bomberjacke an und hat gefragt, ob ich mal bisschen Kleingeld habe, und ich habe ja gesagt und dann hat er noch gefragt, ob er meine Nummer haben kann. Dann hab ich ihm eine Tschick geschnorrt und als er fertig war, hat er den Stummel in hohem Bogen quer über die Gasse geschmissen, sich im Kreis gedreht und gerufen:

– Diese ganze Welt ist ein Aschenbecher!

Hier sind wir nun, das ganze Zimmer riecht nach Pittinger, (vielleicht riecht es auch nur nach Michael), am Boden liegen mehrere Jointstummel, mir ist schwindlig und aus meinem an die Boxen angesteckten Laptop, der wackelig auf einem Stapel nie benutzter Uni-Unterlagen auf meinem verstaubten Schreibtisch thront, kommt immer noch Käptn Peng, *er mag sie, sie mag ihn, sie mögen sich,* während wir noch mal Sex haben, für den ich mich ein wenig schäme, aber schlussendlich darauf scheiße, weil an diesem Punkt meines Lebens eigentlich schon alles egal ist und es sich gleichzeitig auch sehr richtig anfühlt. Wie eine Wimper, die man sich zwecks Erfüllung eines Wunsches von der Fingerkuppe bläst, obwohl sie eine feine Schicht aus Tränenflüssigkeit und gelbem Schleim bedeckt. Wir wissen genau, was wir wollen, ohne sprechen zu müssen, und es schmeckt nach allen möglichen Dingen, nach Kombinationen, die ich nicht benennen kann.

Ab diesem Zeitpunkt mögen wir uns. Michael und ich sitzen sehr viel frierend auf meinem Balkon, weil meine Mitbewohnerin nicht will, dass wir im Zimmer rauchen, und ich generell nicht will, dass sie weiß, dass er hier ist, und er erklärt mir, wenn man eine Pittingerdose eindrückt und mit einer Nadel ein paar Löcher reinsticht, dann hat man eine Pfeife.

Manchmal gehen wir mit dem großen schwarzen Hund seines Kumpels spazieren, und der Hund fletscht sehr viel die Zähne und bellt. Er mag Leute nicht, was ich verstehen kann, und Michael sagt, sein Kumpel schreit den Hund zu viel an. Michael fragt Leute immer nach Kleingeld, mit einem Witz auf den Lippen oder einem Kompliment, und er tut das auch, wenn er meine Hand hält, bis er merkt, dass es mir peinlich ist, dann macht er es nicht mehr.

Manchmal ist meine Mitbewohnerin zuhause, und deswegen gehen wir statt in die Wohnung in den Keller und verrammeln die Tür von innen, dann dreht sich der Hund kurz weg und ich klopfe mir danach den Staub von den Knien ab.

Michael ist der Staub egal, es ist jetzt nicht unbedingt so, als wäre es woanders viel besser, es ist jetzt nicht unbedingt so, als könnten wir zu ihm, es ist jetzt nicht unbedingt so, als gäbe es ein „bei ihm". Michael schenkt mir Dinge, er schenkt mir Kronkorken und eine Sicherheitsnadel und eine Haarsträhne von sich, er ist wie ein aufgedrehter kleiner Schneevogel, der vom Boden aufpickt, was Menschen wegwerfen, um daraus ein Nest zu bauen.

Nur die dunkelrote Bomberjacke schenkt er mir nicht, obwohl sie mir so gut gefällt, es ist Januar und es ist seine einzige Jacke.

Einmal findet Michael ein Foto auf meinem Schreibtisch. Auf dem Foto bin ich sechzehn und blase Kerzen auf einer Torte aus. Michael sagt, seine Eltern haben nie seinen Geburtstag gefeiert, ich sage, ich werde ihm Apfelkuchen backen. Dann reißt er ein Stück von einer grünen Karte aus dickem Papier ab. Es ist ein Metallausweis, für das Krankenhaus. Auf der Karte ist eingezeichnet, wo in seinem linken Fuß welche Schraube steckt, er hat die Karte nach dem Unfall bekommen, die Schrauben hätte er schon vor ein paar Jahren rausnehmen lassen müssen, er hatte einen OP-Termin, aber scheiß drauf, Österreich weiß nicht einmal, dass er hier wohnt. Österreich denkt, er wohnt noch in Berlin. Er will sich hier nicht anmelden, er will keine Mindestsicherung, er will niemandem auf der Tasche liegen, sagt er, da schnorrt er lieber einfach ein paar Leute an, die haben's ja eh. Es klingt bizarr logisch.

Im Sommer wohnt er in einem leerstehenden Häuschen in einem Schrebergarten, da hat er ein Fenster eingeschlagen,

da können wir dann gemeinsam hin, ist ein bisschen kalt dort,
    – Aber macht nix, Keule,
sagt Michael und rollt einen Filtertip aus dem Stück Karton.
Michael nennt alle Menschen „Keule", und wie schön ich das
aus irgendeinem Grund finde, wird mir jedes Mal aufs Neue
bewusst, wenn ich kleine Zöpfe in seinen Iro flechte.

Manchmal sage ich Michael etwas und einen Tag später kann
er sich nicht mehr daran erinnern. Manchmal war er bei mir
und wenn er weg ist, fühlt es sich wie ein absurder Traum an,
und das einzig reale, was zurück bleibt, ist ein Geruch nach
Körper und Alkohol. Manchmal vergisst er ein T-Shirt bei
mir und ich bringe es ihm auf die Arbeit. Ich weiß, dass eine
Schicht weniger gefährlich sein kann, wenn man als Büro
eine Isomatte am Gehsteig hat.

Ich mache mir wahnsinnige Sorgen, wenn er tagelang
nicht antwortet, weil er kein Guthaben mehr hat, oder wenn
ich am frühen Nachmittag vorbeikomme und er gerade in
hohem Bogen in den Gully kotzt und sagt, es sei alles gut.
Und obwohl ich genau weiß, dass ich niemanden kenne, der
so lieb ist, der mich so umarmen kann, und obwohl ich bei
allem, was er tut und was ich tue und was wir miteinander
tun, ganz deutlich den Heiligenschein sehen kann, der alles
andere an ihm überstrahlt, gehen die Sorgen nicht weg. Ich
weiß nie genau, ob ich mir die Sorgen nur um ihn mache oder
auch um mich, und deswegen trinke ich immer ein Pittinger

mit Michael und den anderen, aber ich setze mich nie dazu. Deswegen wünsche auch ich mir ein Lied von der Bluetooth-Box am Boden, meistens K.I.Z. oder Voodoo Jürgens, aber ich singe nicht mit wie die anderen, die Passanten schauen schon. Deswegen erzähle ich all meinen Freunden von ihm, aber stelle ihn niemandem persönlich vor. Und deswegen zucke ich zusammen, als ich einem Bekannten eines Nachts irgendwo besoffen in Klagenfurt alles erzähle und er sagt:

    – Du kannst doch kein Brett an einen Dackel tackern und sagen, das ist ein Schwan.

Also gehe ich eines Tages in der Hans-Sachs-Gasse auf Michael zu. Ich sage:

    – Wir sollten das sein lassen,

und er sagt

    – Okay.

Und dann nehme ich mein Handy raus und lösche das Foto von seinem Rücken, auf dem sich rote Kratzer über die zittrig gestochenen, ergrauten Tattoos mit den verwaschenen Rändern ziehen.

Zwei Tage später überreicht mir meine Mitbewohnerin mit den hervorstehenden Schlüsselbeinen und der leisen Stimme gesenkten Hauptes einen Brief. Ich solle ihn alleine lesen, in meinem Zimmer. In dem Brief beschuldigt sie mich, bakterielle Seuchen einzuschleppen, die sie depressiv gemacht hätten, und bittet mich, unter Zuhilfenahme erschreckend vieler Rufzeichen, auszuziehen.

Als ich sie vorsichtig auf den Inhalt des Schriftstücks anspreche, verliert sie sich in einer verblüffend selbstbewussten Tirade, die sich anscheinend seit Monaten hinter ihrer Stirn aufgestaut hat, und die Art, wie sich ihr Zorn Bahn bricht, erinnert mich einerseits an Amokläufer und andererseits an meine eigenen gebändigten Begierden damals, als der Tequila einen Euro kostete und ich das erste Mal mit jemandem abgestürzt bin, um ihn danach ins Herz zu schließen. Die einen schwappen eben schneller über in ihren Gefühlen, die anderen erst viel später, aber dafür richtig.

– Ach ja, noch etwas: Dein Gspusi stinkt.

– Aber ihr seid euch doch nie begegnet.

– Man riecht es, wenn er da war.

Im Affekt beschließe ich, nach Wien zu ziehen, zu Jan, und wenn schon nicht zu Jan, dann zumindest weg. Graz ist eine kleine Stadt, und ihre verschnörkelten Eckchen kann man nur mit begrenzt vielen Erinnerungen tränken, bis sie von der übersättigten Masse abperlen und der herabtropfende Überschuss faulig zu riechen beginnt.

Ich sehe die Bank, auf der Alex mich verlassen hat, die Toilette, in der ich mich mit Stefan getroffen habe, das Haus, in dem Manuel vermutlich immer noch vor dem Computer sitzt und mich aus den Augenwinkeln erspäht, wenn ich unter seinem Fenster vorbeigehe und der Welt auf dem Tablett serviere, was ihm gehört hat, was niemand sonst sehen durfte. Auf einmal ist mein Wunsch nach Flucht so dringend, als würde die ganze Stadt um mich herum in Flammen stehen, mein persönliches Pompeji. Als könnte man hier nichts mehr retten und müsste noch einmal ganz von vorne anfangen, auf neuer, fruchtbarer Erde.

Ich treffe die meisten Lebensentscheidungen im Affekt, aus meinem mit Dehnungsstreifen überzogenen Bauch heraus, und siehe da, tatsächlich hat sich diese Methode mehr als bewährt, denn zumindest bin ich in diesem Leben noch nie richtig gestorben. Ich muss also unter besonderem Schutz von Gott, dem Vater, selbst stehen, denn bei allem, was ich schon getan habe, hätte ich unter regulären statistischen Gegebenheiten normalerweise zumindest schon anständig verstümmelt werden müssen, körperlich vielleicht sogar noch mehr als seelisch. Ich bin immer noch ein Sonntagskind, das Wunder, das meine Eltern sich neun bange Monate lang erhofft haben. Wenn ich mich erstmal zum Duschen aufgerafft habe, wird man das Blattgold unter all dem Schweiß und Smegma auch wieder erkennen.

Mein Berufswunsch ist It-Girl, beschließe ich, wissend, dass es sich dabei um eine meiner dümmeren Ideen handelt. Oder High-Class-Escort mit Nebenberuf Poetry-Slammerin, oder sowas wie Audrey Hepburn in *Frühstück bei Tiffany*, nur halt in Punk, was ja letztendlich auch alles dasselbe ist, mehr oder weniger. Als ich das meinen Eltern, mit denen ich seit Monaten kein Wort gewechselt habe, mitteile, erklären sie mir mit fester Stimme, dass ich zumindest irgendetwas studieren sollte, und ich sage:

– Joke's on you, dann halt Schauspiel.

Sie sind so erleichtert, dass ich noch nicht unter dem Einfluss puren Crystal Meths bis auf die Knochen verfault bin und aussehe wie etwas, dass die Katze hinter einem Vorhang verstecken würde, dass sie sich nicht dagegen wehren.

Am Ende wohnen wir dann doch noch ein halbes Jahr zusammen, die Frau mit den Schlüsselbeinen und ich, weil ich erst keine Wohnung finde und dann nicht von Thomas weg will. In dieser Zeit sprechen wir vielleicht zwei Sätze miteinander und erreichen beide neue Höhen der Sozialphobie, indem wir komplett aufhören zu kochen, aus Angst, die andere könnte uns in der Küche erwischen und sprechen wollen, und warten, bis der Flur leer ist, bevor wir unsere Zimmer verlassen. Unaussprechliche, hart erhurte Geldsummen werden von meiner Seite aus in Fast-Food-Restaurants investiert. Schlussendlich entwende ich aus Rache einige Dosen hochwertiger Sprayfarbe sowie eine türkisfarbene Espressokanne aus dem Nachlass der mitbewohner'schen Großmutter, der sich noch in allerlei Einbauschränken verbirgt, und bezahle damit meine Freunde, die mir beim Umzug helfen. Gegen eine spontane Eingebung, auch noch sämtliche Abflüsse mit voller Absicht zu verstopfen, entscheide ich mich dann doch. Das arme Hascherl hat mir zwar im Vorbeigehen mit herablassender Miene mitgeteilt hat, wenn ich Umzüge so stressig finde, hätte ich mich eben früher vorbereiten müssen, tja, Pech gehabt, aber beim Anblick der grimmigen Fratzen meiner in Feine Sahne Fischfilet-Merch gekleideten und Selbstgedrehte rauchenden Entourage ist sie auch gleich zur Salzsäule erstarrt. Verängstigt von allem, was diese Welt zu bieten hat. Vielleicht tue ich ihr ja irgendwann genauso Leid wie sie mir.

Ein paar Monate später, als ich mich nachts im ungeheizten Wohnzimmer von Nikos Wohngemeinschaft zitternd mit meinem verfilzten Kunstpelzmantel zudecke und meine Gute-Nacht-Tschick inhaliere, sehe ich auf Facebook, dass Michael jetzt eine Freundin hat. Sie ist sehr hübsch und macht was mit Kunst und hat die genau gleiche Frisur wie Krusty der Clown. Noch ein paar Monate später steht auf Facebook, sie hätten geheiratet. Vielleicht stimmt es, vielleicht nicht. Vielleicht hätten Michael und ich in einer anderen Welt auch geheiratet, vielleicht wäre das besser so gewesen, vielleicht nicht. Michael schreibt mir noch ein paar Mal, aber ich antworte nicht, weil ich nicht weiß, was ich sagen soll. Ich kann nichts tun als mich in meiner neuen dunkelroten Bomberjacke verkriechen und darüber nachdenken, warum ich die Dinge tue, die ich tue.

Jan

Die Nebenwirkungen von Kokain

Fünf Wochen, drei Tage und sieben Minuten nachdem man
die Liebe meines Lebens zu einer mit sofortiger Wirkung be-
endeten Sommerliebelei erklärt hat, falle ich auf die Fresse.
Da ich beide Hände mit Tschick und Handy voll habe, gerne
etwas zu große Sandalen mit sehr dicken Plateausohlen trage
und in letzter Zeit sowieso nicht gut darin bin, mich aufrecht
zu halten, kippe ich direkt vor der Grazer Oper um. Kerzen-
gerade wie ein Dominostein. Anschließend traumatisiere ich
einen Haufen kleiner Mädchen, die mich auf dem Weg zum
Ballettunterricht mit blutüberströmtem Gesicht in der Portier-
lounge auf die Rettung warten sehen. Dass ich sie freundlich
begrüße mit:
    – Hallo, Kinder!,
hilft auch nichts. Jan und seine Freundin mochten mich von
Anfang an nicht, und man kann ihnen keinen Vorwurf ma-

chen. Bei der Einweihungsparty in Nikos WG in Wien sitze ich in einem riesigen Tutu auf dem Wohnzimmerteppich und gebe, ein Pflaster quer über meinem Gesicht, in atemberaubender Geschwindigkeit und von affektierten Handgesten begleitet obskure Details über mein Intimleben preis, vermutlich, um mich und die Umstehenden von meinem Leerstand abzulenken. Ich bin ein menschlicher Autounfall. Jans Freundin und er beobachten mich, sie sehen mich, ich aber sie nicht. Ihr Konsens: Sie sind froh, eine glückliche und stabile Beziehung zu führen und an einem sehr viel verantwortungsbewussteren und besseren Punkt ihres Lebens angekommen zu sein als ich.

Menschen wie ich können einem leidtun. Einige Monate später, an der Grenze zwischen einem unangenehm warmen Winter und einem beunruhigend kühlen Frühling, hat sich die Platzwunde auf meinem Nasenrücken in eine keilförmige, hellrosa Narbe verwandelt, und es ist alles ein bisschen besser. Aber noch lange nicht gut, nicht mal annähernd. Da ich sowieso nichts mit meinem Leben anzufangen weiß, bin ich wieder nach Wien gefahren, zu Niko. Ich muss ein bisschen weg von dem, was Michael in mir auslöst, was ich nicht zulassen darf.

Gegen drei Uhr morgens stehe ich gelangweilt vorm Flex und rauche, als jemand auf uns zukommt. Da ich viel zu viel mit mir selbst beschäftigt bin, um anderen Menschen in die Augen zu sehen, und außerdem abgelenkt von der Tatsache, dass ich eigentlich zuhause bleiben und *Rosins Restaurants* schauen wollte, erkenne ich ihn nicht, aber was mir sofort auffällt, ist, dass man jeden einzelnen Zahn sieht, wenn er lacht, und außerdem eine kleine Narbe auf seiner Wange. Jan sagt, da ist er mal auf die Fresse gefallen, und ich weiß sofort, dass wir zusammengehören. Ich sehe Jan in diesem Moment zum ersten Mal, er mich nicht. Ich habe meine Chance, ihn zu beeindrucken, verwirkt, aber im Dunkeln sieht er ein wenig aus wie Alex, und das ist genau das, was ich mir von meinem nächsten Freund wünsche. Nach dem, was in dieser Nacht passiert, ist Jan nicht mehr in einer Beziehung, und ich bin vielleicht nicht der Grund, aber der Auslöser.

Jans Leben, das wird mir schnell klar, ist ein ewiges Hamsterrad aus Extremen und Überkompensation dieser Extreme. Ähnlich wie in meinem Fall bricht sich auch bei ihm der weggesperrte Glitzer seine Bahn, ständig, in Schüben mit sehr kurzen Intervallen dazwischen. In der U-Bahn singt er laut, krallt sich an eine Haltestange und macht einen Klimmzug nach dem anderen.

Er ist menschliches ADHS und ich liebe es. Dieser Glitzer, der da aus Jan rauskommt, sieht schon lange nicht mehr nach Spaß aus. Irgendwann wird er daran ersticken, wenn ihn nicht bald jemand in die stabile Seitenlage bringt. Es ist immer dasselbe, erzählt mir Niko: Jan verliebt sich in eine Frau, die absolut nicht zu ihm passt, und er bewundert und liebt sie für ihren Anstand. Die Frau fürchtet sich ein wenig vor Jans ständigen Eskalationen, aber er wird sich für sie bessern, schwört er ihr, und sie verleben eine wundervolle Zeit gemeinsam. Die unschuldige Schöne und das von ihr gezähmte Biest. Sie ziehen sofort zusammen, kaufen sich bei Leiner eine geschmackvolle Sitzlandschaft aus hellem Kunstleder und erstellen einen Plan zur regelmäßigen Bewässerung ihrer Zimmerpflanzen. Jan bemüht sich redlich darum, ein unbescholtener Vorzeigebürger zu sein, betrügt seine Gefährtin höchstens ein paar Mal.

Bis er eines Nachts, meist nach einem Streit, seinen besten Freund anruft und sich zu einer Figur wie aus einem Gaspar-Noé-Film verwandelt, eine menschliche Neonreklame, immer brüllend statt sprechend, und man all seine Zähne sieht, wenn er lacht, mit der tauben Mundhöhle und der charmante Versprechungen formenden Zunge, die gleich darauf wieder grölt. So ist es auch diesmal geschehen.

Einmal habe ich meine Mutter gefragt, warum mein Vater denn immer putzen würde. Warum es ihm so wichtig sei, dass wir nie länger als eine Woche auf Urlaub fahren konnten, damit er rechtzeitig zum wöchentlichen Staubsaugen wieder zuhause war. Warum er das überhaupt macht, wenn er sich doch immer nur darüber beschwert und wir genug Geld für eine Putzfrau hätten. Meine Mutter hat kurz aufgelacht, mit einer Mischung aus Zynismus und leichter Süffisanz, die ich von mir selbst kenne, und hat gesagt: Lena, denkst du denn, einem Junkie macht seine Sucht Spaß? Da war etwas Hartes in ihrer Stimme. Jan, das bemerke ich schnell, hat keine wahre Freude am Exzess.

Jan geht nachts in den Club, kommt vormittags wieder raus und sitzt den restlichen Tag auf irgendeiner Couch mit irgendwelchen Leuten, die über Verschwörungstheorien diskutieren und sich zwischendurch schniefend vom Display ihres iPhones bedienen, und dann geht er am nächsten Morgen ins Büro, wo er der beste Mitarbeiter ist und gefeiert wird für seine Erfolge. Alles, was er tut, geschieht aus einem Zwang heraus, aber es gibt einen kleinen Teil in diesem Muster, den ich aufbrechen möchte: Jan soll sich für Frauen interessieren, die so sind wie er. Für Frauen wie mich zum Beispiel.

Jans Freundin hat ihn natürlich sofort rausgeschmissen, und von der Einzimmerwohnung seines besten Freundes aus, in der wir jetzt das Bett teilen, flüchten wir in eine Welt, in der wir uns keine Gedanken machen müssen darüber, was wir hier eigentlich tun. In der zumindest ich darauf vertraue, dass das hier schon werden wird, wenn ich nur fest genug daran glaube. Wie im Märchen. An unserem zweiten oder dritten Tag nehme ich Jan zur Seite, in der kleinen, dunklen Küche, und neben der durchsichtigen Plastikbox mit den hell beleuchteten Pflanzen darin bitte ich ihn, mir nicht wehzutun:

– Egal, was du tust, Jan, egal, wie das hier endet, ob wir nun zusammen sind oder nicht, Jan, bitte. Das würde ich nicht ertragen, jetzt gerade, in diesem meinem Zustand.

Jan, der die Aufmerksamkeitsspanne eines Grundschulkindes auf Speed hat, schwört es mir mit einem Nicken, und als ich ihn umarme, trete ich versehentlich auf einen am Boden stehenden Teller voller eingetrocknetem Auflauf und Zigarettenstummeln.

Anscheinend, und das wird mir bald klar, kann Jan, wie viele andere Menschen auch, nicht unterscheiden zwischen körperlichem, in gegenseitigem Einvernehmen zugefügtem Schmerz und Schmerz, der aufkommt, wenn einer der Beteiligten nicht weiß, was er will. Die Behandlung, die ich mir in der Horizontalen von ihm wünsche und die er so aufregend findet, denn das ist etwas, was die guten Mädchen, die er sonst hat, nicht wollen, weitet sich sofort auf den Alltag aus. Schlechter Umgang.

Wenn wir uns durch die fast weißen Laken räkeln, als Mann und Frau, und Jans Freund daneben auf dem Sofa sitzt und Gitarre spielt, als wäre das hier ein französischer Schwarz-Weiß-Film, dann ist alles gut. Dann weiß ich, dass das hier Liebe ist. In allen anderen Situationen hege ich erhebliche Zweifel daran. Wenn wir morgens nach etwa zwei Stunden unruhigen Schlafes erwachen, weil Jans bester Freund euphorisch das Fenster aufreißt und:

– Guten Morgen, Wien!,

nach draußen brüllt, zum Beispiel. Dann stehen wir alle drei nackt da, in der Morgenbrise, wie frierende Schaufensterpuppen in der Auslage, und nehmen unser Frühstück aus zwei Zügen an einer Bong, Amphetaminen und jeweils einem halben in ein großes Glas Nutella getunkten Fertigcroissant ein. Teil des Morgenrituals ist es, darauf zu warten, dass unten Dirk Stermann vorbeigeht, der hier irgendwo zu wohnen scheint, damit wir im Chor:

– Schaut mal, da ist Dirk Stermann,

rufen können, aber Jans Blick gleitet ins Leere, sobald ich den Mund öffne. Er beobachtet andere Menschen vor dem Fenster, andere Frauen, als wolle er mir möglichst offensiv zeigen, dass er mich nicht will, ohne es je aussprechen zu müssen. Aber ich gehe hier nicht weg. Ich bin nur wegen ihm hier, so viele Hoffnungen hängen an uns, wir haben doch beide alles verloren. Ich werde mich erst mit einem offiziellen Bescheid zufriedengeben, und wenn ich den aus ihm herausprügeln muss.

Die ganze Zeit, die Jan und ich miteinander verbringen, brennt meine Nase. Jan sagt, das ist normal, aber er weiß nicht, dass ich mich zurückhalte. Dass ich manchmal nur so tue, wenn ich mich über den Spiegel beuge, weil ich meine gute Erziehung und all die Aufklärungsvideos in der Schule und meinen enttäuschten Vater nicht vergessen kann und mir das hier nicht zur Gewohnheit machen möchte. Und trotzdem, obwohl fast nüchtern, bin ich ständig wach und euphorisch, renne mit vernebelten Sinnen neben meinem Gelieb-

ten her wie ein junger Hund. Und meine Nasenschleimhaut
brennt ständig so, als müsste ich gleich weinen.

It's not the side effects of the cocaine. I'm thinking that it
must be love.

Ich glaube, Jan versteht den Ernst der Lage nicht, als er sagt,
er würde sich jetzt eine neue Wohnung suchen, vielleicht mit
einem Mitbewohner, oder einer Mitbewohnerin. Vielleicht
mit mir. Für ihn ist das hier ein Spiel, aber nicht für mich. Für
mich ist das hier bitterer Ernst:
  – Schau mich an, Jan, schau mich doch nur an, wie ich mit
  vor Endorphinen getrübtem Blick und hängenden Brüsten
  vor dir knie, schau mich doch nur mal an. Ich zitiere David Bowie für dich, was soll ich dir denn noch geben, und
  wie alles, was ich sage, ist es die Wahrheit, die Wahrheit,
  nichts als die Wahrheit, und du hältst es für eine dumme,
  lustige Lüge.
Das könnte ich sagen, aber er würde mir sowieso nicht zuhö-
ren. Jan erzählt mir von Frauen, die er in der U-Bahn gesehen
hat, oder in der Arbeit, oder am Donaukanal. Er ruft ihnen betrunken hinterher, sodass sie schneller gehen, und hört nicht
auf mich, wenn ich ihn bitte, das zu lassen. Manchmal entwischt ihm auch ein ironischer Hitlergruß. So etwas tun Menschen in langen Nächten, in denen sie einen drauf machen,
die Kontrolle verlieren und Scheiße bauen. Danach lassen sie

es gut sein. Aber für Jan geht die Sonne nicht wieder auf. Jan ist in ewigem Exzess gefangen.

Alibihalber fahre ich zwischendurch für ein paar Tage zurück nach Graz, damit mir niemand unterstellen könne, ich wäre ernsthaft in Jan verliebt. Obwohl ich das mit Michael habe sein lassen für ihn und insgeheim denke, der wäre die bessere Wahl gewesen. Jedes Mal, wenn ich wieder nach Wien fahre, meine speckigen Finger eine Zimtbrezel umklammernd, frage ich mich, ob ich es nicht einfach lassen soll. Aber nur für einen Moment, und im nächsten bin ich wieder bei Jan und seinem Freund und habe ihnen eine Palette Ottakringer mitgebracht, zur Feier des Tages. Vielleicht haben nicht nur mein Vater und Jan ein Suchtproblem, sondern ich auch. Eine Sucht nach Süchtigen.

Schlussendlich muss ich Jan förmlich dazu zwingen, mich zu verlassen. Er hat schon lange angefangen, sich aus meinen Armen zu winden, auffällig unauffällig wie ein als Busch verkleideter Spion in einem Trickfilm. Statt mir einfach den Kopf abzuhacken und mich noch ein paar Meter weiterrennen zu lassen, vergiftet er mich lieber langsam. Jeden Tag eine winzige Dosis Ablehnung, die schmeckt wie Arsen, aber das ist jetzt vorbei. Nachdem ich das Restaurant verlassen habe, mein Cola light gänzlich unberührt und der gesamte Tisch überzogen mit einer dicken Schicht aus Tränen, Jan alleine in einer Ecke des ansonsten menschenleeren Raucherbereichs, ist endgültig nichts mehr übrig für mich. Michael ist weg, Jan wollte mich nie. Ich fahre nach Hause.

Am Palmsonntagmorgen steige ich in einer feierlichen Zeremonie den Schloßberg herab. Ich verabschiede mich von jeder einzelnen Rose, jedem blühenden Baum, jedem zwitschernden Vogel und wanke auf wackeligen Knien zu meiner Wohnung, wo die Mitbewohnerin sich seit Tagen vor mir versteckt wie ein vorwurfsvolles Phantom. Als ich wieder schlafen kann, tut meine Nase immer noch weh. Es ist ein Schmerz, der lange nicht mehr vergeht.

Ich schaffe es trotzdem irgendwie. Nach Jan kommt Thomas, um mich zu trösten, und nach ihm Adam, und so weiter. Den Mann, der im Glitzer feststeckt, wie ich früher im Gallert, sehe ich erst nach einem halben Jahr wieder, und von nun an arbeite ich kontinuierlich und über mehrere Jahre hinweg daran, mich zu entlieben. Ich treffe ihn in Nikos Wohnzimmer, da, wo er mich das erste Mal gesehen hat, und wo ich jetzt schlafe, in einer neuen Stadt und immer noch ohne Wohnung. Wieder betone ich laut und mit ausladenden Handbewegungen, wie gut es mir geht, damit niemand bemerkt, dass ich gleich anfangen werde zu weinen. Die abschließende Wunde will nicht anständig verheilen, denn es gelingt kein sauberer Schnitt. Die Narbe, die Jan hinterlassen hat, wuchert. Ich heule mich bei Thomas aus, der langsam wieder zu einem normalen Freund wird, und rufe aufgeregt meine beste Freundin

an, als ich Jans neue Wohnung verlasse, mir hektisch Flüssigkeiten von den Brüsten wischend. Kurz darauf lerne ich wiederum seine neue Freundin kennen, eine streng evangelisch
erzogene Sozialarbeiterin, die sich weder für Drogen noch für
Sex interessiert und der Jan hemmungslos verfallen ist. Ich
mache es mir zur Aufgabe, sie zu retten, aber leider will sie
nicht hören.

Während wir zum Aufbruch bereit vor der Bar auf die
anderen warten und ich versuche, ihr das Geständnis zu ent-
locken, Jan sei in Wahrheit nicht ihr Partner, sondern ein
Experiment, über das sie ihre Masterarbeit schreiben werde, rennt Jan am Straßenrand auf und ab. Seine Arme tanzen
im Wind wie die stolz gehisste Flagge der Republik Selbst-
zerstörung. Sein Mund schreit Unverständliches und er fällt
immer wieder kurz hin und richtet sich dann lachend wieder
auf. Ich überlege, ihn wegzuziehen, ihm zu erklären, dass es
gefährlich ist, sich betrunken, bekifft und auf Tabletten nahe
am Gürtel aufzuhalten, vor allem nachts. Aber im Gegensatz
zu Jan, der sich noch immer nicht beruhigt hat, nehme ich
Abstand. Als Jan versucht, mich zu umarmen, sehe ich ihn
an und sage:

– Wenn dich jetzt ein LKW überfahren würde, würde ich
lachen.

Später erinnert er sich natürlich nicht mehr daran. In der ganzen Zeit, die ich Jan kenne, lerne ich ihn nur ein einziges Mal
tatsächlich kennen. Nach all der Zeit, in der ich ihn gleichzei-

tig so sehr gehasst und geliebt habe wie sonst niemanden auf der Welt, in der ich mich Fantasien hingegeben habe, als wäre ich Claire Zachanassian in *Der Besuch der alten Dame* und träumte, ich könnte ihn ermorden lassen und ihm das prächtigste Grabmal der Welt errichten, beschließen wir, Freunde zu sein. Es funktioniert sogar, und in meiner ersten Wohnung in Wien sitzt Jan neben mir auf dem Sofa. Wir wissen nichts mit uns anzufangen, denn die Wohnung ist zu klein, als dass man viel herzeigen könnte, also erzählt er von sich.

Er hat wieder eine neue Freundin, es läuft gut, sie überlegen zu heiraten, er will auch seinen Lebensstil ändern, er freut sich so wahnsinnig darauf, sie ist die Eine, das weiß er. Und auf einmal, so plötzlich, wie es damals endgültig vorbei war, wie der Lack über dem dreckigen Rost absplitterte und ich mir die ganze Scheiße ansehen musste, die das alles war, bricht Jan in Tränen aus. In Embryohaltung liegt er auf meinem Bett und mit jedem Schluchzer aus seiner Kehle scheint ein bisschen mehr Dreck über sein glitzerndes Knabengesicht zu fließen. Er wiederholt immer wieder denselben Satz, und ich verstehe ihn erst nach ein paar Minuten:

– Ich habe Angst.

Ich sage Jan, dass alles gut wird. Dass wir Freunde sind, dass sich seine Organe wieder erholen werden, wenn er ihnen Ruhe von ständiger Intoxikation gönnt, dass ich einen Beratungstermin für ihn ausmachen werde, mitkommen zu seinen Untersuchungen. Dass ich da sein werde, egal, was er braucht. Aber da hat Jan schon wieder aufgehört zu weinen, als wäre nie etwas geschehen. Das Gespräch, das wir gerade geführt haben, hat nie stattgefunden. Sein riesiges Lachen mit den vielen Zähnen scheint größer zu sein als er selbst, hüllt ihn ein wie ein Kostüm.

Je öfter ich Jan sehe, desto seltener interessiert er mich. Dort draußen gibt es genug andere Männer mit Problemen, um die ich mich kümmern kann, als wären sie meine Kinder, um mich davon abzulenken, wie viel Hilfe ich selbst brauche. Erst überlege ich nicht mehr, was ich anziehen werde, wenn ich ihn sehe. Dann höre ich auf, nachzufragen, ob jemand etwas Neues von ihm gehört hat. Und dann ist er einfach irgendein Fremder.

Exakt drei Jahre, nachdem Jan und seine Freundin mich bemitleidet haben, sind wir wieder alle in diesem Wohnzimmer, auf der alljährlichen WG-Party. Die Frau, der ich versehentlich den Mann gestohlen habe, sitzt mit einem Becher von dem Drei-Euro-Weißwein, den wir immer beim Hofer kaufen, in einem Lehnstuhl, ohne jegliche Ahnung von dem, was uns beide verbindet.

Niko hat in seinem Zimmer einen eigenen Technofloor eingerichtet und windet sich in einem bauchfreien Latextop durch die Dunkelheit, Jans bester Freund trägt ein Sakko und sieht unter dem frisch geschnittenen Bart aus wie jemand, der jetzt weiß, wo er hinmuss. Ich sitze in meinem Tüllrock auf dem Boden und beobachte Jan am anderen Ende des Raumes.

Unsere Blicke treffen sich, er sieht mir in die Augen. Dann nimmt er ein Fläschchen Poppers, das vor ihm auf dem Tisch steht, schraubt es auf und trinkt es in einem Zug leer.

Als wir in der Küche stehen und ich Jan dabei helfe, sich ins Spülbecken zu übergeben, überkommt mich ein Gefühl, dass ich sonst nur verspüre, nachdem Achmed mich verprügelt hat: Erleuchtung. Vor meinem inneren Auge sehe ich mich selbst und Jan auf einem Flughafen. Unser Gate wird gleich schließen, wir wissen, wir müssen uns beeilen. Ich steige auf das Förderband, um loszurennen, noch ein bisschen schneller zu sein. Ich renne und renne, ich werde rechtzeitig da sein, das weiß ich jetzt, aber dann drehe ich mich um und sehe weit hinter mir Jan, der nicht auf das Band gestiegen ist, der mit seinem schweren Koffer, den er alleine nicht heben kann, immer noch ganz hinten steht. Alleine zurückgelassen, weil er ihn unbedingt selbst tragen wollte.

Er tut mir unglaublich leid, aber wenn ich ihn länger betrachte, werde ich meinen Flug verpassen. Also gehe ich langsam, ganz langsam weg. Ich habe jetzt mehr als genug Zeit übrig. Und dann steige ich in den Flieger und spüre meinen Magen hüpfen, als er abhebt. Ich bin vielleicht mal auf die Fresse gefallen, aber jetzt stehe ich wieder. Jan aber kann ich nicht aufhelfen, ohne selbst wieder hinzufallen.

Jans Rumpf krampft sich noch ein letztes Mal zusammen, dann sinkt er auf einem Hocker neben mir nieder. Seine Verlobte und er trennen sich, erzählt er, er wird sich eine neue

Wohnung suchen müssen:

   – Es ist alles kaputt, Lena, alles.

Und dabei nimmt er einen tiefen, erschöpften Schluck aus einer Proseccoflasche wie ein Marathonläufer nach den letzten Kilometern. Jan bleibt hydriert, wenigstens in dieser Hinsicht achtet er auf sich. Dann verkündet er, er sei jetzt zu betrunken und müsse nüchtern werden, und als er mir was anbietet, schon angerichtet auf dem Bildschirm seines Samsung, muss ich daran denken, wie ich felsenfest davon überzeugt war, ich würde ihn lieben. Diesen fremden Mann mit dem lachenden Kindergesicht, der sich gerade vor mir gekrümmt hat und mit dem mich nichts mehr verbindet. Das war keine Liebe. Nur Kokain.

Thomas

Die dreidimensionale Betrachtung

Mittlerweile weiß ich nicht mehr, wann ich das letzte Mal jemanden wirklich gekannt habe. Zwischen jemanden kennen, denken, man würde jemanden kennen und hoffen, man hätte noch lange genug Zeit, um jemanden irgendwann zu kennen, liegt, wie ich erst jetzt missbilligend erkenne, ein Unterschied. Diese Erkenntnis bereitet mir zunehmend mehr Kummer, und ich spüre, wie sich die Gesichter der Unbekannten der letzten Jahre in mich einmeißeln wie in den Mount Rushmore. Was bleibt, sind Resignation und Scham, und diese beiden Gefühle sind so stark, dass ich mir nicht mehr sicher bin, ob ich überhaupt jemanden richtig kennen möchte. Das hat noch nie gut geendet.

Menschen kommen zu mir, in mir und gehen dann wieder. Bevor zwischen mir und irgendjemandem, mit dem ich das Lager teile, etwas Wirkliches entstehen kann, sind sie wieder verschwunden, während eines Wimpernschlags, und manchmal denke ich danach, ich hätte mir alles nur eingebildet. Wenn sie wundersamerweise noch nicht verschwunden sind, vermeide ich Augen- und Hautkontakt, fast, als wären andere Menschen aus toxischer Materie geformt anstatt aus Fleisch und Blut. Als wären sie jederzeit bereit, mir die Haut wegzuätzen, die Augen auszubrennen und meine Knochen zu pulverisieren. Wie wir bereits wissen, ist kuscheln nur was für Mädchen, und obwohl ich, gleich Pinocchio, der ein richtiger Junge sein wollte, mittlerweile gerne ein richtiges Mädchen wäre, ein richtiger Mensch mit Emotionen, darf ich es nicht sein. Wie die Essstörung meine Mutter, wenn sie tagelang nur gedünstetes Gemüse aß, um schlussendlich doch nach dem Nutellaglas zu greifen, bricht sich auch meine Sehnsucht nach Glitzer immer wieder Bahn.

Mein ständiges Bemühen ist es, nichts aufkommen zu lassen. In ängstlicher Erwartung der baldigen Abreise meiner Partner stehe ich bereits mit meinem Taschentuch winkend auf dem Bahnsteig. Wer sich schon auf die Katastrophe eigestellt hat, verkraftet sie leichter. Und wenn ich mir von Anfang an Menschen suche, die mich verlassen werden, ist es wenigstens keine Überraschung mehr. Dann ist der Kummer leichter zu schlucken.

Manchmal denke ich mit Sehnsucht an Manuel zurück. Jeder Quadratzentimeter seines Körpers war mir noch vertrauter als der meine. Allergisch auf Katzenhaare und Meeresfrüchte, Skoliose, Augen von der Farbe der Mur am ersten richtigen Frühlingstag, Frenulum im Alter von vierzehn Jahren unter exorbitanter Blutung gerissen, zwanzig Komma drei Zentimeter im Moment größter Aufregung. Es ist nicht dieser Körper, der mir fehlt, es ist die Vertrautheit. Die ganze Welt ist mir eine einzige Fremde.

Eines Abends irgendwann im Juni verlassen Thomas und ich das Centraal, die brennenden Zigaretten noch in den Händen, seine perfekt und gerade, meine wie ein sich krümmender kleiner Wurm, in uns mehrere große Bier abgestellt, die Herzen einige Meter vor uns herlaufend wie junge Hunde, die man in lauen Sommernächten von der Leine lassen kann, zur Feier des Tages. Ich fange im Herbst an, in Wien zu studieren, etwas Neues, etwas, das nichts Gescheites und nichts Vernünftiges ist, genauso wenig wie ich es jemals war, und ich muss die letzte Zeit hier auskosten.

Thomas sagt:

– Ich hätte jetzt Lust zu schmusen.

Thomas hat Milan auf der Party schweigen gesehen, Jonathan auf der Straße grölen, er hat mich nach Alex in der Psychiatrie besucht und mich mit Michael aufgezogen. Und in all der Zeit habe ich immer gebettelt und gejammert:

– Nur ein kleiner Kuss, Thomas, komm schon.

Und Thomas hat den Kopf geschüttelt und gesagt:

– Eine Freundschaft ist doch viel mehr wert als irgendwas Körperliches.

Angespannt wie Kinder beim Flaschendrehen sitzen wir nun nebeneinander auf einer Bank, über uns die Brücke, die wir gerade noch lachend überschritten haben, vor uns schimmern im Dunkeln vereinzelte Schaumkronen und riechen wie die italienischen Campingplätze meiner Kindheit, zwischen uns eine unangenehm klebrige Mixtur aus überschwappendem Willen und mangelnder Ernsthaftigkeit. Wir versuchen es ein paar Mal, aber abwechselnd brechen er und ich in Gelächter aus, kurz bevor sich unsere Münder berühren. Aber auf einmal funktioniert es doch und als wir schon fast aufeinander liegen, auf der modrigen Holzbank voller weißer Taubenflecken und anarchistisch motivierter Edding-Schriftzüge, beschließen wir, bei mir zu schlafen.

Nichts, was Thomas tut, könnte mich noch in irgendeiner Weise überraschen. Nichts, was ich tue, könnte ihn irritieren. Jahre auf der Eckbank im Music House mit Zwei-Euro-Spaghetti, auf dem Balkon vom Sub mit geschnorrtem E und im Gras an der Ententeichkurve mit Bier haben uns geschliffen wie die Flussströmung geduldige Kieselsteine. Ich weiß, dass Thomas schnarcht, zu viel über Adorno redet und unendlich viel trinken kann, ohne jemals betrunken zu wirken. Thomas weiß, dass mein Lachen in den Ohren schmerzt, dass ich mir manchmal, ohne es zu merken, die Socken ausziehe, um an

meinen Zehennägeln herumzukletzeln, und ich einen Elektrakomplex sowie ein primäres Lymphödem habe. Es kann hier
keine unangenehmen Überraschungen mehr geben. Manchmal sind Thomas und ich wie zwei einander vertraute Kinder
in einer Festung aus Decken und Sofapolstern, manchmal wie
Präpubertäre, die auf der Schullandwoche heimlich trinken,
manchmal wie ein Intellektuellenpaar, das an Tischen voller
ausgebreiteter Pamphlete mit stumpfen DER-STANDARD-
Bleistiften ganze Absätze unterstreicht. Die Membran, die
uns beide zusammenschließt wie Föten im Uterus, ist eine,
die durch nichts beschleunigt werden kann in ihrem Wachs-
tum. Die erst mit der Zeit kommt.

Letztendlich hat Thomas einen Ödipus- und ich einen
Elektrakomplex. Sowieso hat alles, was nach 1990 geboren
wurde, Daddy Issues, weil unsere ganze Generation gerne
mal wieder jemanden richtig kennen würde, so gut kennen,
bis sich Sex mit dieser Person schon fast falsch anfühlt. Vielleicht ist Intimität ja auch nur eine legale Form von Inzest.

Thomas ist der erste Mensch, dem ich mich seit langem her-
schenke, der sich anfühlt wie eine tatsächliche Person. Allzu
flüchtige Betrachtung meiner Bettgenossen infolge begrenz-
ter Zeit und grenzenloser Angst lässt jeden nur wie eine flache
Sammelkarte in einem Album erscheinen. Höchstens zwei
Seiten einer Figur kann ich betrachten, wie in einer Stadt,
in der man nur wenige Wahrzeichen bestaunen kann, bevor

man mit Schimpf und Schande davongejagt wird. Ein Leben an der Seite wechselnder schlecht geschriebener Telenovela-Charaktere: Kaum weiß man beispielsweise, dass jemand geschiedene Eltern hat und Stand-Up-Paddling betreibt, ist er schon wieder weg. Aber von Thomas kenne ich schon so viele Seiten, dass ich sie nicht mehr zählen kann. Wie bei einem geometrischen Körper, der mit jeder Kante mehr zu einer Kugel wird. Eine perfekt abgerundete Persönlichkeit. Beinahe ein echtes menschliches Wesen.

Manchmal setze ich mich hin und schreibe Dinge auf, die ich über Thomas weiß, weil ich selbst kaum fassen kann, wie viele Informationen es über einen einzelnen Menschen geben kann. Ich könnte Geheimakten über Thomas anlegen, ich könnte Thomasologie studieren, ich könnte auf der ganzen Welt herumreisen und Vorträge über ihn, mein Spezialgebiet, halten:

Thomas ist gleich groß wie ich, außer, ich richte meine träge Wirbelsäule auf, dann ist er etwas kleiner. Thomas' Lieblingsessen ist Szegediner Gulasch, aber nur nach dem Rezept seiner Großmutter. Thomas hat keine Geschwister. Thomas liebt zwei Dinge: Theodor W. Adorno und Fußball. Thomas ist pansexuell. Thomas hat einen sehr ausgeprägten Mode-, dafür einen nicht vorhandenen Einrichtungsgeschmack und schläft auf einer Matratze am Boden. Thomas kann einem in zwei Sätzen erklären, was an Israelkritik antisemitisch ist. Thomas ist bei der Akademikerballdemo vor meinen Augen von einem Bullen mit dem Gesicht in den Asphalt gedrückt worden. Thomas ist der erste Mensch, mit dem ich so etwas wie zusammen bin, bei dem es sich objektiv und rational betrachtet vollkommen logisch anfühlt.

Thomas fragt mich oft, wie es mir geht, hört sich stundenlang Geschichten aus meiner Kindheit und Vorträge zum Thema Antifaschismus im *Harry-Potter*-Universum an und unterhält sich mit meiner Mutter, als wäre sie eine alte Freundin. Einmal verlieren wir uns beim Zähneputzen in Kindereien und er schlägt mir lachend mit der flachen Hand auf den Hintern, nur um eine halbe Sekunde besorgt nachzufragen, ob das jetzt okay für mich war oder ob ich es als übergriffig empfunden habe.

Thomas ist der erste Mensch, den ich je treffe, der versteht, dass es manchmal besser ist, einmal zu viel nachzufragen als zu wenig. Dass man manchen Menschen dabei helfen muss, ihre Grenzen abzustecken, dabei ist er der fleißigste Handwerker der Stadt und wirft mir massig Holzpfosten und Maschendrahtzaun zu Füßen. Thomas fungiert als menschliche Wundheilsalbe, um all die Menschen auszugleichen, die immerzu den Schorf neu aufkratzen. Das mit Thomas fühlt sich an wie Liebe, und wenn auch nur, weil er selbst so lieb ist. Aus ihm strahlt die Freundlichkeit heraus wie eine blendend weiße Perle aus einer Auster.

Die letzten Monate vor meinem Umzug haben im Gegensatz

zu Thomas nur drei Seiten: Erstens die Frage, ob wir nun zusammen sind, und wenn nein, warum nicht. Denn das ist es, was ich möchte. Wenn man auf eine solche Art mit einem solchen Menschen eine solche Zeit verbringt, was ist denn dann noch der Unterschied? Was ist eine Beziehung denn anderes als enge Freundschaft und körperliche Liebe? Zweitens die Gewissheit, dass sich im Nebenzimmer Kartons und zerlegte Ikeamöbel bis zur Decke stapeln, weil ich hier nicht bleiben werde, dieser Umstand unumstößlich ist und jeden Tag näher rückt. Und drittens meinen Unwillen, eine Beziehung mit jemandem zu führen, der mehr als ein paar Kilometer von mir entfernt ist.

Vier Tage vor dem großen Aufbruch sage ich Thomas, dass ich seine Freundin sein möchte. Thomas möchte nicht. Es fehlt irgendetwas, sagt er, aber er weiß nicht was. Was das sein soll, will ich wissen. Wie er mit etwas argumentieren kann, für das er nicht einmal Worte hat. Dann geht Thomas zum Eurospar um die Ecke und kommt mit einer unchristlichen Menge an Zucker und Alkohol für mich zurück. Ich verbringe die nächste Zeit immer ein bisschen betrunken, und als das Tetrapack leer ist, sind Thomas und ich schon wieder Freunde. Zwei Erbsen in der Schote, die eine in Graz als künftiger Revolutionsführer, die andere in Wien als Inszenierung ihrer selbst. Alle Seiten der beiden kreisrunden Formen aufgedeckt, ohne Geheimnisse. Wenn man sich einmal aufrichtig und vollkommen gekannt hat, dann kann man nicht mehr damit aufhören.

Phillip

Per aspera ad astra

Es ist mein erster Sommer in Wien, und alles ist besser geworden. Seit ich hier wohne, in einer Stadt, in der mich keine Geister mehr jagen. Seit ich das tun darf, was ich gut kann. Seit der Gallertpalast mit den zwei in ihm eingelegten Insekten, die mich gezeugt haben, einhundertfünfzig Kilometer weit entfernt ist und ich nicht mehr zusehen muss, wie sie im Aspik langsam zerfallen. Seit ich jemanden dafür bezahle, in meiner Seele zu stochern und ab und zu mit der Pinzette winzige Fremdkörper aus eitrigen Wunden zu ziehen. Es ist besser geworden.

Niko und ich sitzen auf seinem Bett am offenen Fenster und blicken über die bis zum Rand mit Zigarettenstummeln und Asche gefüllten Marmeladengläser, die sich auf dem Fensterbrett aufreihen wie Geranien vor den Fenstern unserer Eltern, hinunter auf die Straße. Vor ein paar Tagen haben wir vom Tod der jungen Frau erfahren, die in meiner ersten Nacht in der Psychiatrie alle wach gehalten hat durch ihr Geschrei. Das ist jetzt sechs Jahre her. Ihr Herz hat die Dauermedikation nicht mehr ausgehalten.

Nikos Umrisse gegen das Licht sehen aus wie aus einem Ghibli-Film, und er sagt leise, bevor wir beide in die große Stadt gezogen wären, hätte sich alles wie ein Traum angefühlt. Eine Netflix-Serie, deren zwei Hauptfiguren nur aus Oberfläche bestehen, entfernt angelehnt an uns, und die alles tun, weil sie denken, es tun zu müssen, nicht, weil sie wollen. Wie durch einen Schleier betrachten wir, was früher war, aber insgesamt sind wir dann doch zu sehr damit beschäftigt, es besser werden zu lassen. Wie Bildhauer, die Figuren aus Marmorblöcken herausschälen. Selbstverwirklichung nach Carl Gustav Jung. Und im Endeffekt vergeht kaum noch ein Tag, an dem ich nicht an irgendeinem zufälligen Moment kurz stehen bleibe und denke:

– Erwachsensein ist dermaßen großartig.

Ich habe zwei Jahrzehnte langsam köchelnd in einem mich verbrühenden Sud aus Bangnis, es könnte schlimmer werden, verbracht. Das Leben und die Menschen und überhaupt. Weil ich mich doch in der Blüte meines Lebens befand. Aber ich habe den klugen Schachzug gewagt, meine Glückshormone aufzusparen, nicht all mein Pulver gleich zu verschießen. Und jetzt labe ich mich jeden Tag daran wie Maden an einem Kadaver und beobachte, wie meine Lebensqualität immer weiter ansteigt. Rückwirkend weide ich mich an den Fake News falscher Propheten, wissend, dass ich im Recht war. Denn wenn ich tun darf, was ich möchte, wenn ich raus darf aus dem Käfig, um andere mit meiner Persönlichkeit zu bewerfen wie ein Affe Zoobesucherinnen und Zoobesucher mit seinem Kot, dann bin ich zufrieden.

Da mache ich gerne meine Steuererklärung. Sitze in meiner durch und durch gallertfreien Wohnung, lasse mein Inneres strahlen und fresse mich rund und fett mit gutem Leben. Und nun, da sich die Glorie meiner Existenz wieder herauszukristallisieren beginnt, wird es wieder Zeit, mir einen König zu suchen.

Adam wäre ein mehr als würdiger Kandidat, aber meine ständige Unsicherheit bezüglich unseres Beziehungsstatusses ist Grund genug, mich auch anderweitig umzuschauen. Ich darf mich nicht auf meinen Lorbeeren ausruhen, ich brauche jemanden, um an meiner Seite zu sitzen, wir werden ja sehen, ob genug Hermelin für uns beide da ist. Rasch werde ich fündig.

Als Phillip über den Tisch hinweg nach meiner Hand greift und dabei fast unsere Club-Mate-Flaschen umstößt, kann er sich eigentlich glücklich schätzen, dass es laut Kellnerin keine Zwiebelringe mehr gibt, sonst hätte ich ihm schon einen angesteckt und ihn versprechen lassen, nie wieder zu gehen. Es fühlt sich an, als hätte ich gedankenverloren, vielleicht während eines Telefonats mit meiner Oma, wenn sie wieder angefangen hat, vom Krieg zu reden, ein Bild von meinem perfekten Partner gemalt, und das Bild ist von dem Stapel Post-its aufgestanden, hat sich die Tintenschmierer aus dem Gesicht gewischt und sich mir gegenüber hingesetzt. Phillip hat einen entzückenden Berliner Akzent und mal bei der Erster-Mai-Demo einem Bullen auf die Stiefel gepisst, direkt vorm Axel-Springer-Gebäude, wie er mir gerade erzählt.

(Oh, Phillip.)

Er kommt aus einfachen Verhältnissen, verfügt für jemanden, der so blass ist, über Unmengen an Street Credibility und – das hat er noch nie jemandem so schnell erzählt, aber er hat gleich diese besondere Beziehung zwischen uns gespürt – musste dann nach Wien ziehen, weil er Stress mit einem Drogenring bekommen hat, für den er zeitweise gearbeitet hat.

(Ja, Phillip, ja.)

Er sagt, er macht irgendwas mit Kunst und er mag mich und nein, er kennt Lana del Rey nicht, aber wie wäre es, wenn wir zu ihm gehen würden, er wohnt gleich ums Eck, und wir rauchen was und hören Musik.

Er.

Mag.

Mich.

(Oh mein Gott, Phillip, OH MEIN GOTT, JA!!!!

Du magst mich und hast dich damit gerade zum Mitglied einer winzig kleinen Minderheit gemacht. Männer wie dich muss man bei Laune halten, es gibt nicht viele davon.)

Ich zitiere nur ungern Sexualstraftäter, aber es gibt diesen Spruch von Woody Allen: „I'd never join a club that would allow a person like me to become a member."

Und obwohl ich objektiv betrachtet weiß, dass ich fantastisch bin, habe ich mich mittlerweile daran gewöhnt, nur von Männern begehrt zu werden, die entweder Camp-David-Hemden tragen und fünfzig sind, einfach nur ein Visum möchten oder mich schlichtweg nicht interessieren, und jetzt mag ich schon fast automatisch niemanden mehr, der mich mag.

Wer mich liebt, der liebt sich selbst nicht, das ist einfach Erfahrung. Wer mich mag, ist meistens Trash, und ja, gut, jede Person hat doch irgendwann in ihrem Leben mal eine Phase, in der sie ab und zu in öffentlichen Mistkübeln wühlt und:

– Das ist noch gut, das kann man noch brauchen,
murmelt, aber ich habe diese Phase glücklicherweise bereits hinter mir. Vielleicht ziehe ich auch Trash an, weil ich selbst welcher bin, Asche zu Asche, Staub zu Staub sozusagen, aber daran möchte ich nicht denken.

Phillip ist anscheinend die große Ausnahme. „Per aspera ad astra", das hat meine kleingewachsene Lateinlehrerin in der Oberstufe immer gesagt und sich den Paschminaschal über die Schulter geworfen. Über steinige Wege zu den Sternen, Kinder, durchhalten. Ich habe lange genug gelitten, und das hier ist endlich meine Belohnung. Jemand, der mich mag. Und der mir das gleich sagt.

Das hat jetzt natürlich etwas länger gedauert, aber egal. Dankbarkeit zeigen dem Herrn gegenüber, morgen wird eine Kerze in irgendeiner gottverlassenen Barockkathedrale angezündet, von mir aus wird der ganze Stephansdom angezündet. Besser noch, mein halbes Vermögen, also etwa fünfzig Euro, werde ich wohltätigen Zwecken spenden. Der Regenwald wird aufgeforstet, der Nahostkonflikt gelöst und ein Putsch gegen die Regierung organisiert, und wenn schon nicht mit finanziellen Mitteln, dann mit der geballten Kraft meiner Dankbarkeit für diesen Menschen, der mir gegenüber sitzt. Oh Phillip.

– Phillip, du musst mir was versprechen. Wenn wir jetzt zu dir gehen, und falls wir unabsichtlich, aus Versehen, irgendwie ineinander oder aufeinander reinfallen, dann musst du mir hier und jetzt versprechen, dass wir uns nochmal sehen.

– Natürlich,

sagt Phillip,

– Natürlich, du bist so eine faszinierende und beeindruckende Frau.

Eines Tages werde ich unseren Kindern erzählen, wie Mama und Papa sich kennengelernt haben und noch im Aufzug übereinander hergefallen sind und danach Musik gehört und sich auf die Stirn geküsst haben, und Mama hat ihr Glück gar nicht fassen können. Und Phillip wird mich von hinten an der Taille fassen und auf die Wange küssen und sagen:

– Haha, wisst ihr, Kinder, eure Mutter ist so eine faszinierende und beeindruckende Frau!

Phillip hält mich im Arm und hört mir zu, wenn ich rede, und er sagt es immer wieder. So faszinierend, so beeindruckend, er findet mich so toll, er kann es kaum erwarten, mich wiederzusehen. Und dann Kuss auf die Stirn. Sonst bin immer ich die, die das sagt. Und dann sagen sie meistens:

– Ach ja, shit, ich hab übrigens eine Freundin, sie wird mich umbringen.

Oder:

– Du bist wirklich cool, ich wäre gerne mit dir befreundet.

Oder:

– Yo Diggi, jetzt chill mal.

(Ach Phillip. Endlich. Danke, Danke, Danke.)

Als die Sonne untergeht und Phillip mit geschlossenen Augen und dem friedlichen Gesichtsausdruck eines vom Spielen erschöpften Kindes im Bett liegt, kaum merkbar seine Lippen bewegend zu irgendeinem Track von Fabian Römer, und die weißen Gardinen über seinem Kopf im Wind tanzen, da sieht er aus wie ein Film, den ich mir jeden Tag ansehen möchte, und ich umarme ein weißes Kopfkissen, um damit meinen nackten Körper zu verdecken und wünschte, ich könnte die Augen von ihm abwenden.

Als ich gehe, weil Phillip morgen früh aufstehen muss und ich das verstehe, wie könnte ich ihn jemals nicht verstehen, hält er mich noch im Arm, mitten im Vorzimmer stehend, minutenlang, während seine Mitbewohnerin uns anlächelt wie eine Mutter, die sich freut, dass die Kinder den richtigen Weg einschlagen. Ich bin der richtige Weg, Phillip. Bitte schlag (auf) mich ein. Dann küsst er mich wieder auf die Stirn und sagt:

– Bis bald,

und ich taumele hinaus auf den Gürtel, rufe Niko an und lalle:

– Ich glaube, ich habe bald einen Freund.

Niko ist nicht ganz so leicht zu begeistern wie ich. Ich solle mich nicht zu früh freuen, ich solle erstmal abwarten.

– Du hast ja keine Ahnung, du warst nicht dabei, er ist verrückt nach mir und ich bin verrückt nach ihm,

juble ich ins Handy. Niko seufzt.

– Sei vorsichtig, Lena. Wir hatten das Thema schon ein paar Mal.

Auf den wenigen Metern zu den Stadtbahnbögen tun mir die anderen Leute leid. Nachdem der Kontrast hochgeschraubt wurde, erscheinen mir ihre Leben geradezu armselig im Vergleich zu meinem. Die Würstelstandlerin, die ich vor ein paar Jahren, als ich aus Graz auf Besuch war, gefragt habe, ob sie auch Kondome im Sortiment hat, verzieht das Gesicht. Damals war ich gerade auf dem Weg zu Achmed, aber den brauche ich ja jetzt nicht mehr. Jetzt habe ich Phillip. Der Mercedesfahrer, der verdrossenen Blickes darauf wartet, dass ich endlich meinen schlenkernden Tanz über die Straße beende, wird sich auch noch wundern. Dem werden Phillip und ich bald seinen beschissenen Stern abbrechen, als cute date idea, denn diesmal wird es klappen mit dem Remake von Bonnie und Clyde, da bin ich mir sicher. Dem Sandler, der mich anspricht und schon seinen gewohnten Monolog von der Notschlafstelle, für die er Geld zusammenkratzen muss, beginnt, gebe ich irgendeinen Schein.

All diese Gestalten haben ja keine Ahnung, was für Glück der Mensch zu fühlen imstande ist. Diese bedauernswerten Kreaturen.

In der U6 schicke ich Phillip meine Nummer. Mein Zukünftiger soll gut schlafen. Bis bald. Ich jedenfalls schlafe nicht gut. Die ganze Nacht wälze ich mich durch mein halbleeres Doppelbett und fühle mich wie früher, wenn ich wusste, dass mein Vater uns nachts wecken und ins Auto setzen würde, nach Italien. Die Vorfreude lässt mir keine Ruhe. Phillip ist personifizierter Urlaub, sozusagen.

Am nächsten Tag werde ich unruhig. Er weiß doch bestimmt, dass er sich nicht zieren muss? Dass ich ihn ohne Wenn und Aber sofort nehmen werde? Sitzt er etwa gerade mit seinen Freunden bei einem Glas Prosecco am Sofa, schaut *Bridget Jones* und lässt sich von ihnen überreden, die Drei-Tages-Regel einzuhalten? Soll er doch. Ich warte gerne.

Zum Zeitvertreib öffne ich die App, über die wir uns kennengelernt haben, und schließe sie wieder, alle paar Minuten.

Nach ein paar Tagen fühlt es sich an, als hätte man mir eine heilsame Infusion legen wollen, aber den Zugang falsch gestochen, sodass ich jetzt langsam verblute.

Mit jedem Tag werde ich ein bisschen schwächer. Zwei Tage. Drei Tage. Fünf Tage, dann eine Woche. Phillip ist weg.

Meine bedingungslose Liebe verwandelt sich in eine Mischung aus Angst und Hass. Unendlichem Hass. Dieser Mann ist entweder tot oder wird sich bald wünschen, es zu sein.

Nach etwas mehr als sieben Tagen, sieben heiligen Tagen der Hoffnung, der Trauer und des Zorns, ziehe ich ein rotes Kleid an, aus dem meine Brüste beinahe herausfallen, trage Lippenstift auf und fahre zu ihm. Ein Racheengel. Wenn man genau hinsieht, kann man sehen, wie riesige schwarze Schwingen aus meinen Schulterblättern herausbrechen, um sich jederzeit mit einem Ruck aufzuspannen. Unheil droht.

Ich stapfe zuerst zwanzig Minuten durch das falsche Haus und frage alte Damen, ob sie hier jemanden gesehen hätten, der aussieht, als würde ich zu ihm gehören, denn das Haus nebenan sieht sowohl von außen als auch von innen fast gleich aus. Aber irgendwann stehe ich im richtigen Gebäude, im zweiten Stock, und ich atme durch und klingle.

Phillip öffnet mir die Tür und sein Gesicht verwandelt sich in eine hölzern geschnitzte Kabuki-Maske, mit dem eingemeißelten Ausdruck schieren Grauens.

– Ich ... hab dir nicht zurückgeschrieben.

Bis jetzt habe ich noch die stille Hoffnung gehegt, ihm wäre etwas zugestoßen. Ich habe auf seine Mitbewohnerin gewartet, die mir mit ernster Stimme erklärt, Phillip hätte einen entsetzlichen Autounfall gehabt, er liege erstens im Koma und zweitens ganz in der Nähe im AKH. Und dann würde ich zu ihm fliegen. Meine Flügel wären auf einmal weiß wie unsere unschuldige, reine Liebe, und in genau dem Moment, in dem ich mich mit waidwundem Blick an die Bettkante setzen und seine Hand nehmen würde, würde er die Augen aufschlagen und mich zu sich ziehen, und während wir uns vereinigten, der Prinz und die Prinzessin, würde die Frequenz auf seinem Herzmonitor so heftig ausschlagen, dass das Gerät explodierte. Genau das würde passieren. Aber Würde ist jetzt gerade etwas, das mir leider gänzlich abhandengekommen ist.

– Nein, hast du nicht,

zische ich durch zusammengebissene Zähne. Er hatte so viel zu tun. Er hat es einfach vergessen. Und ihm sei klar geworden, dass wir gar nicht zueinander passen. Das war respektlos von ihm, Entschuldigung. Respekt sei ihm sehr wichtig, eigentlich. Ob er mir jetzt wirklich im Detail die Gründe aufzählen solle? Ach bitte. Es tue ihm leid. Ich verstehe es nicht, weil ich ihm erzählt habe, dass ich gern mit Menschen schlafe. Und dass ich das auch gerne tue, einfach so, ohne dass man sich etwas verspricht. Dass man mir nicht sagen muss, was nicht stimmt. Und ich verstehe es nicht, weil ich nicht dumm bin. Das weiß ich. Das sagen die Leute mir doch.

– Lena,

sagen sie,

– Du bist so klug!

– Ja, ich weiß,

sage ich. Warum kann man mir dann so leicht etwas vormachen, wie einem Wellensittich, dem man einen billigen Plastikspiegel gegenüberstellt, damit er denkt, er hätte jemanden gefunden?

– Philipp, du bist wirklich ein Arschloch.

Dann gehe ich hinunter auf den Gürtel. Die Sonne geht schon wieder unter, und ich sitze in meinem langen roten Kleid auf einer Bank, während links und rechts von mir die Autos vorbeifahren, unter dem besorgten Blick der Würstelstandlerin. Hektisch sauge ich an der Zigarette in meiner zitternden Hand, immer wieder unterbrochen von würgenden Hustenanfällen, ausgelöst durch zu heftiges Schluchzen.

Manchmal denke ich, ich renne mein ganzes Leben lang nur durch ein billiges Spiegelkabinett. Die bunten, verzerrten Bilder locken mich, und ich laufe gegen das Glas und schlage mir meine Nase blutig, solange, bis ich vor lauter Verwirrung er-

schöpft am Boden zusammensinke und das Blut aus meinem
Gesicht mein Kleid immer röter färbt, ein blendendes, grelles
Rot.

Adam

Sturmhaube im Wasserglas

Rückblickend betrachtet hatten mein letzter Monat in Graz und mein erster Monat in Wien eine verheerende Gemeinsamkeit: Ich, nämlich ohne Wohnung. Nachdem die als Vermieterin fungierende Mutter meiner Mitbewohnerin mir mit mitfühlender Heilpraktikerinnenstimme:

– Meine Tochter sagt, du möchtest gerne ausziehen?,

entgegengehaucht hat, eine Hand an ihr überdimensionales Hanf-Leinen-Mischgewebekleid gepresst, die andere in ihrer hennaroten Friedensplattform-Steiermark-Mähne, und ich geantwortet habe:

– Nein, sie hat mich rausgeschmissen,

haben wir alles, was ich besitze, in den klapprigen Mercedes eines Freundes gequetscht und es siebenhundert Meter nach links transportiert, in eine Kellerwohnung voller Stokowski-Bücher und Kahlo-Poster. In Graz können zwei zufällige

Punkte nur schwer weiter als siebenhundert Meter voneinander entfernt liegen. Graz ist kleiner als die Arschlöcher mancher meiner Bekannten.

Ich kenne die Frau kaum, die hier lebt, aber sie ist Kellnerin im Centraal, links und Raucherin, also sind wir Freundinnen geworden. Die Freundin von Thomas und allen anderen in unserer kleinen Gruppe war sie ja schon. Als wir auf einer Parkbank an der Ententeichkurve saßen und Club Mate tranken, hat sie mir erzählt, dass sie einen Monat in irgendeinem Entwicklungsland verbringen wird, den Monat, in dem ich obdachlos bin. Sie ist eine Frau unendlicher Coolness und Güte, und ich wenigstens nicht obdachlos. Sie möchte nicht in der Stadt sein, hat sie mir erklärt, wenn Adam zurückkehrt. Sie und Adam haben mehrere Monate miteinander verbracht, ganz oben in seinem Bett und ganz unten an ihrem, er hat ihr Frühstück gemacht, sie seinen Freunden vorgestellt und dann war es einfach vorbei. Ohne, dass er ihr sagen konnte, warum, ohne, dass er ihr überhaupt sagen konnte, dass es vorbei war. Er hat darauf gesetzt, dass sie es irgendwann von selbst bemerkt. Adam muss der fürchterlichste Mensch der Welt sein, ich bin froh, dass ich mit so jemandem nichts zu tun haben muss.

Am letzten Tag des Umzuges landet Adams Flugzeug in Graz-Thalerhof. Er hat ein zeitlich gesehen halbes, inspiratorisch betrachtet aber mehr als ganzes Jahr in diversen anarchistisch geprägten Kommunen verbracht, in Entwicklungsländern mit sehr viel Sonne und Hängematten. Für junge Menschen mit linker Ideologie und reichen Eltern ist es essentiell, sich gelegentlich an solche Orte abzusetzen, denn man kann dort nämlich sowohl sich selbst als auch einen ganz anderen Way of Life und billiges Koks finden. Die Menschen sind ja dort auch so lebensfroh, man kann da ganz viel zurückgeben.

Thomas, der ebenfalls mit Adam befreundet ist, denn in Graz ist alles miteinander befreundet, was schon mal auf einer Demo war, erwartet den heimgekehrten Abenteurer an ebenjenem, unserem Tisch in der Ecke im Music House, ich solle doch vorbeikommen, wenn ich wolle. Mein ganzer Körper juckt vor Schweiß, ich trage ein sehr peinliches, sehr altes Shirt, das ich mal bei einem Poetry-Slam gewonnen habe, und meine krausen Stirnfransen kleben an meinem runden Gesicht wie schmale Blutegel, aber es ist mir egal.

Ich kenne diesen Mann nicht, er interessiert mich nicht und es ist mir auch egal, was er von mir halten wird. Als ich meinen Fuß von der letzten Stufe auf den im Dunkeln kaum zu erkennenden und vermutlich ohnehin nur aus festgetretenem Dreck bestehenden Fußboden setze, meinen Kopf nach rechts drehend, ist es, als würde sich eine unsichtbare Gestalt nachts in der Reichengasse über mich beugen und mir wiederholt mit einem Baseballschläger die Schädeldecke einschlagen, bis meine Fontanelle wieder aufreißt. Und der

Baseballschläger besteht aus Pheromonen. In meinem ganzen Leben wusste ich noch nie innerhalb einer Zehntelsekunde, dass ich eine Person entweder töten oder ficken werde – bis jetzt.

Adam ist groß und dünn. Seine Wangenknochen scheinen zwei silbrige Halbkugeln zu sein, links und rechts von sehr großen Augen in seinen Schädel eingelassen, und er trägt schwarze Kleidung, die ihn aussehen lässt, als hätte er in kurzer Zeit sehr viel abgenommen, vielleicht gibt es ja dort, wo er gerade herkommt, nichts zu essen, aber nein, Adam ist einfach nur cool, ach so.

Ich sitze ihm und Thomas den ganzen Abend gegenüber und muss mich, obwohl ich Adam natürlich hasse und abgesehen davon auch peinlich, unsympathisch und alles in allem erbärmlich finde, regelmäßig daran erinnern, zu atmen oder zu schlucken, während durch meinen Kopf etwas rauscht, was sich weder als Orgasmus noch als Panikattacke identifizieren lässt. Es ist irgendetwas in seiner kratzigen Stimme und der Art, wie er langsam und bedacht spricht, mit der Ausdrucksweise eines sehr aufgeklärten und etwas bekifften Teenagers, das mich so weich und warm einhüllt, als würde ich mich in einem Mohnfeld niederlegen.

Gegen vier Uhr schlafe ich nach mehreren Puntigamern und Pfeffis auf der Bank zwischen den beiden ein, und als sich Adam über meinen schon den ganzen Tag mit harter körperlicher Arbeit und Existenzängsten geplagten Körper beugt, verrutscht seine schwarze Mütze und ich sehe, dass es eigentlich eine Sturmhaube ist. Spätestens ab diesem Zeitpunkt habe ich das Gefühl, in einem See aus meinem eigenen Scheidensekret zu ertrinken.

Am selben Abend schickt mir die Frau, in deren Bett ich liege, eine Sprachnachricht und will wissen, was ich von ihm halte, er sei natürlich schon sehr attraktiv. Ich entgegne ihr, dass ich ihn menschlich abstoßend und optisch anziehend finde, und sie stimmt mir zu. Das war unser erster Abend.

Drei Tage später wette ich mit Adam am selben Tisch in demselben dunklen Gewölbe um fünf Euro, dass er sich nicht traut, mir in den Mund zu spucken. Das war unser zweiter Abend.

Ich brauche aus Gründen für einen Abend eine Sturmhaube, frage Adam, ob ich mir seine leihen könne, und liege zwei Stunden mit ihm auf dem weißen L-Sofa der lächerlich großen und gut designten Wohnung, die seine Eltern als Kapitalanlage erworben haben. Sowohl Marihuana als auch lustige YouTube-Videos über Chemtrails werden in hoher Anzahl konsumiert. Am Ende umarmen wir uns etwas zu lange auf eine wahnsinnig ungelenke und erwartungsvolle Art, warten beide gleichzeitig auf etwas, das nicht passiert, und ich gehe. Ich erzähle es meiner Freundin, die aus Versehen einen Flieger in eine Kleinstadt selben Namens wie ihr Reiseziel, allerdings in einem Nachbarland, bestiegen hat und nun endlich mit mehrtägiger Verspätung in ihrer Projektstelle angekommen ist, um Waisenkindern Ausdruckstanz beizubringen oder was auch immer. Sie meint, sie verstände meine Begierde. Das war unser dritter Abend.

Adam superliket mich auf Tinder und ich ihn ebenfalls. Ich weiß nicht, ob wir dies wegen der ungeschriebenen sozialen Regel tun, man habe Freunde aus Höflichkeit auf Tinder zu liken, oder noch wegen anderer Dinge. Jedenfalls rede ich mir das ein, denn natürlich kenne ich die Antwort, und möglicherweise ziehen sich unsere Unterleiber genau gleichzeitig zusammen in dem Moment, als wir auf unsere Displays schauen, maximal siebenhundert Meter voneinander entfernt. Es wird ernst.

Als ich alleine mit meinem Rotwein unter einem exotisch gemusterten Wandbehang sitze und mich bemühe, nichts auf der teuren Urban-Outfitters-Bettwäsche zu verschütten, spüre ich einen Leerstand in mir, den Rotwein alleine nicht füllen kann. Einerseits ist der Park nicht weit weg und bevölkert von reichlich unter der Armutsgrenze lebenden Verkäufern. Andererseits stecke ich noch in der süßen Zeit der Unschuld, in der sich alle Anfang Zwanzigjährigen einreden, sie würden niemals mutterseelenalleine Drogen nehmen, und schon gar nicht, um Leerstand zu besiegen. Ich alarmiere Adam. Es ist das erste Mal seit zehn Tagen, dass ich nicht daran denke, mit ihm zu schlafen. Ich möchte mich in warmem Nebel ausruhen und sonst nichts. Aber dann sitzt er neben mir und irgendwann haben wir genug Folgen *Teenage Mutant Ninja Turtles* geschaut und wir sitzen immer näher aneinander, und aus dem Nichts heraus sagt er:

– Bock auf Sex?

Und dann ist es auch schon zu spät und ich wünschte, er würde die Haube auflassen.

In der Folge gibt es praktisch niemanden mehr, der mich nicht hasst. Meine Freundin hasst mich, weil ich in ihrem Bett mit ihrem Ex geschlafen habe. Adam hasst mich, weil ich weitererzählt habe, dass ich im Bett seiner Ex mit ihm geschlafen habe. Thomas hasst mich, weil ich im Bett einer ihm nahestehenden Person mit einer anderen ihm nahestehenden Person geschlafen habe.

Der Rest hasst mich, weil ein anständiger Mensch nicht im Bett einer Freundin mit dem Ex ebendieser Freundin schlafen würde. Als ich auf einer Party jemandem zu erklären versuche, dass ich nicht anders konnte, dass ich es einfach tun musste, antwortet er über seine Brille hinweg, dass sei genau das, was Vergewaltiger sagen würden, um ihre Taten zu rechtfertigen, und ich sacke lautlos in meinem Sitzsack zusammen, wie ein Gebäude auf dem Zeitraffervideo einer kontrollierten Sprengung.

Aber im Laufe der Zeit wächst Gras über die Sache und in Rauchform durch unsere Lungen in unserer aller Stammhirne, und man vergibt und vergisst. Ich verlasse die Wohnung der Freundin und die Stadt meiner ehemaligen Liebhaber und schwöre mir, es nie wieder zu tun, aber Adam und ich schaffen es nicht lange, und im darauffolgenden Sommer sind wir an einem Punkt, an dem ich jedes Wochenende Gebrauch von meiner ÖBB-Vorteilscard und neuer Unterwäsche mache, um mich an Adams Rippen zu schmiegen, auf dass aus ihnen eine neue, bessere Version eines zweiten Urmenschen aus mir entwachse.

Alles, was zwischen Adam und mir passiert, ist so selbstverständlich, dass es keine Worte braucht. Handgriffe, Laute und Bewegungen geschehen einfach, weil sie geschehen müssen. Weil wir uns ihrer nicht erwehren können.

Wenn ich an Adam denke, dann sind es nur zwei Bilder, die bis heute ständig vor meinem inneren Auge aufpoppen wie Flashbacks eines Veteranen an Explosionen: Die Dehnungsstreifen über seinen Hüftknochen, die die Haut überziehen wie ein Netz aus Perlmutt ein teures Geschenk. Sie lassen mich in jeder freien Sekunde meines Seins an ein Lied von Lorde denken, in dem sie sagt „But my hips have missed your hips", und ängstlich fragt, was geschehen wird, wenn die Beteiligten wieder nüchtern sind. Es ist tatsächlich so: Unsere Weichteile sind wie zwei eigenständige Lebewesen, die sich gegenseitig mehr begehren als Wasser oder Sauerstoff, die sich wie Magnete aneinander heften. Aber in dem Moment, in dem ich sein Zimmer verlasse, erfasst mich jedes Mal eine so tiefe Angst im Herzen, dass ich schon wieder nicht atmen kann. Adam lässt mich niemals atmen, auch wenn er es nicht weiß.

Das andere Bild ist das von Adams Gesichtsausdruck, jedes Mal, wenn wir aufeinander liegen: Eine Regung von absoluter Fassungslosigkeit und Ehrfurcht, wie von einem Kind, das nicht und nicht begreifen kann, dass heute tatsächlich, ja wahrhaftig sein Geburtstag ist, dass dies sein Geschenk ist. Dieses Leuchten in Adams Augen wird niemals weniger, als würde es von einem ewigen Feuer gespeist. Vielleicht ist es das aus Bethlehem, das man als Kind zu Weihnachten holt und dafür Kilometer um Kilometer durch hohen Schnee und trockene Kälte auf sich nimmt, mit Bommelmütze und Schistiefeln. Vielleicht ist dies meine Belohnung. Adam, das ewige Licht.

Als wir in einmal in seinem Bett an die vom Himmel schräg gebeugte Decke über uns starren, erhasche ich durch das Fenster einen Blick auf ein rechteckiges Stück von einem Himmel, der so schwarz ist und seine Sterne so glänzend, dass es mehr nach einem perfekt animierten Film aussieht als nach der Wirklichkeit. Ich flüstere Adam zu:

– Ich liebe deinen Himmel.

Und Adam lacht und fragt mich, wie high ich eigentlich bin. Dann küssen und umarmen wir uns wieder, bis wir vor Er-

schöpfung ineinander kollabieren. Wir würden ja gerne aufhören, aber es ist nun mal einfach nicht möglich.

Irgendwann lernt Adam den Rest meiner Freunde kennen,
irgendwann erspähe ich zumindest im Vorbeigehen ein oder
zwei von seinen. Adam sagt, es habe nichts mit mir zu tun, er
mache ungern eine große Sache daraus, „was mit einem Mä-
del zu haben". Was ich mir unpraktisch vorstelle, denn Adam
ist wunderschön und ertrinkt förmlich in Pussy.

Als wir zusammen frühstücken gehen, fühlt es sich an,
als würde ich explodieren, sollte es irgendwann noch schöner
werden mit ihm. Manchmal liebt man jemanden so, dass die
schiere Anwesenheit dieses Gefühls sich schon anfühlt, als
würde man permanent mit einem Messer aufgeschlitzt, mit
einer Klinge, die nur Nanometer breit ist und aus Diamanten
geformt.

Ich wollte Adam nie mögen. Er hatte es nicht verdient.
Ich habe mich mit allen Mitteln dagegen gewehrt, ich habe
versucht, die Person, die an dem Penis hängt, zu ignorieren,
aber es will und will einfach nicht funktionieren. Meine Zuneigung zu ihm wächst jeden Tag exponentiell, und es gibt
nichts, was ich dagegen tun kann. Am Anfang, als ich merkte,
was passiert, habe ich versucht, unfreundlich zu sein.

– Ich mag dich nicht,
habe ich ihm offen ins Gesicht gesagt. Ich habe ihn manchmal dumm genannt oder versucht, seine Nachrichten zu igno-

rieren. Gegensteuern, immer gegensteuern. Vielleicht mag er mich dann mehr und ich ihn weniger und wir treffen uns in der Mitte. Mit Achmed mache ich dasselbe, wenn wir uns zu lange umarmt haben, und da funktioniert es ja auch. Ich weiß nicht einmal, was genau ich an Adam so mag.

Vielleicht, dass er mich so fest im Arm hält, wie es für jemanden, mit dem man nicht zusammen ist, illegal sein sollte. Dass ich das Bedürfnis habe, ihm zu erzählen, wenn mein Tag schlecht war, dass ich ihm von Phillip erzähle (mit dem ich mich nur getroffen habe, weil ich ahnte, dass Adam sich nicht an mich würde binden wollen, weil ich ahnte, dass ich ein Backup benötigen würde) und er mir zuhört, ohne etwas dagegen zu sagen, außer dass ich seine volle Solidarität habe. Dass er einen fantastischen Meme-Geschmack hat und seine Augen vor Rührseligkeit fast tropfen, wenn er einen Hamster beim Verzehr eines Sonnenblumenkerns betrachtet.

Er erzählt mir von Che Guevara und seiner Revolution mit einer fast naiven Begeisterung, wie sie nur Kinder oder Kiffer im Bereich der leichten bis mittleren Suchtproblematik empfinden können, bis ich einschlafe.

– Glotz doch nicht so romantisch,

sage ich und berichte ihm von Brecht und dem epischen Theater. Es ist den wenigsten Menschen möglich, über einen längeren Zeitraum hinweg ständig engen Körperkontakt zum warmen Fleisch eines anderen Menschen zu pflegen, ohne sich in Unheil zu stürzen. Und mir schon gar nicht, weil ich ständig alles zehn Mal so stark zu fühlen scheine wie alle anderen. Also mache ich Fotos von Adam, bevor er aufwacht. Also schaue ich ein kurzes Video, in dem man ihn nicht sieht, sondern nur an einem Punkt für eine winzige Sekunde lachen hört, in einem endlosen Loop, weil dieses Geräusch nie wieder meine Gehörgänge verlassen soll. Also fällt er mir manchmal ein, wenn ich nachmittags mit tiefen Augenringen und Textmappen unter dem Arm durch den dritten Bezirk streife und mein linker Fuß durch ein Loch in meinen Doc Martens kalte Regenflüssigkeit aufsaugt und der Himmel über mir auf mich zu fallen droht wie eine Decke aus Stahl, und muss so sehr lächeln, dass ich den restlichen Tag für den besten meines Lebens halte.

Einmal übernachtet Adam bei mir, unwissend, dass ich drei Tage lang meine Wohnung geputzt und eine neue Kaffeemaschine gekauft habe. Auf einer Demo nimmt er kurz meine Hand, und wenn es auch nur ist, um mich nicht zwischen den fünfzehntausend anderen Menschen und den in Lycheegröße auf sie fallenden Schneeflocken zu verlieren, so ist es doch immerhin, weil er mich nicht verlieren will. Später stecke ich meinen Finger durch einen von ihm geblasenen Rauchring, und irgendwann sagt er lächelnd, dass wir gemeinsam nach Barcelona ziehen könnten. Ich halte es nur noch für eine Frage der Zeit, bis das passieren wird.

Eine Woche darauf sitze ich mit Adam an der Bar eines spärlich beleuchteten Pubs in Graz. Es ist unser erster gemeinsamer Nachmittag, Adam wollte sich hier treffen und ist das erste Mal, seit ich ihn kenne, schlecht gelaunt, weil er laut eigener Aussage eine entsetzliche Nacht hatte, nicht schlafen konnte und sich gerade schlecht fühlt wegen etwas. Ich bin schlecht gelaunt, weil ein entsetzliches Weihnachten bei meiner Familie hinter mir liegt und ich schon wieder überlege, wie ich mit einer Gruppe an Menschen, die ich sehr liebe, aber in der Masse nicht ertrage, umzugehen habe.

Adam raucht sehr viel, aber trinkt nur alkoholfreies Bier, er wuzzelt sich eine nach der anderen und spricht kaum, während ich mich in einem ausschweifenden Monolog über die Biografie der Anfang des Zwanzigsten Jahrhunderts in Venedig lebenden Gräfin Luisa Casati und ihre Vorbildfunktion als ebenso exzentrische wie geistesgestörte neureiche Bitch für narzisstische Künstlerinnen wie mich auslasse. Auf einmal unterbricht er mich und erklärt stammelnd, er habe jemanden kennengelernt, es könne nicht mehr sein, wir könnten gerne Freunde bleiben, es tue ihm leid. Dann sagt er:

– Bitte hass mich nicht,

und krümmt sich wie ein geprügelter Hund auf dem Barhocker neben mir zusammen. Seine Augen sind mittlerweile auf die Größe derer von Figuren in einem Tim-Burton-Film herangewachsen, und auch das Gesicht scheint immer herzförmiger zu werden, die grauen Schatten unter seinen Augen immer dunkler, während sein Körper insgesamt schrumpft, bis irgendwann nur noch ein Haufen schwarzer Kleidung und eine Sturmhaube übrig bleiben werden. Als würde er vor Angst langsam verwelken, direkt vor meinen Augen. Adam zieht sich die Kapuze über den Kopf, bis es einen Verstoß gegen das Vermummungsgesetz darstellt, und ich denke daran, dass eine meiner Lehrerinnen immer sagt, man müsse den Text kommen lassen, dürfe es nicht eilig haben, um die Präsenz zu wahren. Also tue ich fünf Minuten lang nichts Anderes, als ihn anzuschauen und zu schweigen. Dann sage ich:

   – Okay. Freut mich für dich.

Von nun an verspüre ich das ständige Bedürfnis, nie wieder nicht high zu sein, denn im nüchternen Zustand wird mein Gehirn mir zum Feind. Sobald ich einen Moment nicht aufpasse, spielt es sich wie ein liebesbedürftiges Kind in den Vordergrund und lässt mich an Adam denken. Unaufhörlich. Vielleicht liegt es am Winter, vielleicht auch daran, dass ich eine labile Persönlichkeit ohne Medikamente und Therapie bin, aber jeden Morgen stehe ich in meiner Küche und weine, wenn ich darauf warte, dass die Mikrowelle mein Porridge fertig gekocht hat. Ich weine in der U-Bahn, im Unterricht, wenn ich nicht einschlafen kann oder wenn ich nachts aufwache.

Es ist nicht nur Adam. Es ist die sich ständig wiederholende Formel aus shady Typen, nach denen ich strebe, sie mit meiner eigenen Shadiness zu beeindrucken versuche, damit sie sich am Ende in schlanke Kindergärtnerinnen verlieben, die nicht fluchen und ein gutes Verhältnis zu ihren Eltern ha-

ben. Ich habe nichts gegen solche Frauen. Ich bin kein miso-
gynes Stück Scheiße, oder bin es zumindest nicht mehr. Ich
wünschte nur, sie wären nicht das bevorzugte Ziel meiner be-
vorzugten Ziele.

Würde ich eine solche Aneinanderreihung von Fehltritten,
Scheitern und Zusammenbruch woanders sehen als an mir
selbst, wäre ich unendlich genervt von dem sich abnutzen-
den immer selben Muster, von einer unerträglich saudummen
Protagonistin und immer derselben Emogeschichte. Ich bin
es auch so. Es ist nicht auszuhalten. Aber was soll ich tun, ich
bin doch auch nur eine Figur.

Adam und ich hören uns noch ein paar Mal, aber weil er auch
nur ein Mensch ist wie jeder andere, sozialisiert in einer Gesellschaft, in der Nein-Sagen etwas Schlechtes ist, sogar für
Männer, sagt er stets zu und dann im letzten Moment unter
einem Vorwand ab. Weil er sich nicht traut, mir zu sagen, dass
er mich nicht sehen will, und dass es keine Hoffnung mehr
gibt. Aber es gibt Dinge, die immer bleiben. Eine Frau mit
einem Frida-Kahlo-Poster an der Wand und ihre Sprachnachrichten.

Eine ständige Sehnsucht nach weißem Rauch aus Pfeifen.
Das Bild von einem Perlmuttgeflecht auf weißer Haut und
aufgerissenen Augen. Und wenn ich daran denke, dann kann
ich es manchmal selbst nicht glauben. Dann bin ich auch wie
ein Kind an seinem Geburtstag. Ein Kind, dem von hinten ein

Messer an den Hals gehalten wird, um ihn langsam durchzu-
schneiden wie einen Biskuitteig.

Und ich stelle fest, dass man diesem Gefühl einzig und
allein durch eine Sache Herr werden kann: Mit sich selbst zusammen sein. Eine Beziehung von einer ruhigeren Schönheit
zu führen, einer, die nicht schmerzt. Zölibat. Sich schön an-
zuziehen, weil man sich selbst ins Theater, auf Spaziergänge
oder auf ein Picknick einlädt, um danach im Kerzenlicht zu
masturbieren, auf Betten voller Rosenwasser. Allein sein wie
ein Kind, das noch niemanden an seiner Seite braucht, das
sich an sich selbst erfreut und den Dingen, die man als einzelner Mensch tun kann. Burgfräulein malen. Eine Prinzessin
sein. Josef Hader. Das Leben ist eine einzige Gemütlichkeit.
Das geht alles ganz gut so, wenn man sich einmal daran gewöhnt hat. Die Einsamkeit ist per se nichts Schlechtes.

Vielleicht komme ich ja nicht über Adam hinweg, weil
ich die Sache, die mir fehlt, niemals wirklich benennen kann.
Sie lässt sich nicht einordnen. Sie war unklar und machte mir
Angst vor der Wahrheit. Ich weiß nicht, was wir hatten und
nicht, was ich an ihm geliebt habe, was er dabei gedacht hat.
Ob er überhaupt gedacht hat. Aber wenigstens ist klar, was
ich an mir liebe. Und bei mir weiß ich zumindest, woran ich
bin. Vor allem weiß ich, dass ich mich selbst nicht verlassen
werde. Nicht meinen Körper, nicht mein Selbst. Das habe ich
hinter mir.

Timothy

Kopffüßerblutpumpen

Im Grunde genommen reicht es, mir die kleinste Menge an Respekt oder Freundlichkeit entgegenzubringen, damit ich mich verliebe. Ich verlange ja so wenig von der Welt. Es gibt dieses Meme: Ein junger Mann mit Brille und schwarzem Haar, der auf einen Schmetterling zeigt. Irgendwann erschafft eine Freundin von mir, ein It-Girl mit langem schwarzem Haar und hohen Stiefeln folgendes:

Und es stimmt. Meine Ansprüche sind so niedrig, dass es im Grunde schon reicht, wenn man mich nicht regelmäßig in die Rippen tritt oder Teile meiner Familie ermordet.

Ich hätte mich einmal fast in jemanden verliebt, weil er mir nach dem Sex einen Cookie gekauft hat, und einmal, weil wir uns einfach schon lange genug kannten. Ich habe mich in Menschen verliebt, weil sie schön waren, weil sie mir zugehört haben, weil sie gekifft haben, weil sie mich als Einzige im Club nicht sexuell belästigt haben oder weil sie einen Fetisch mit mir teilten. Ich habe weitere Dinge mit Menschen getan, weil ich dachte, ich müsste, weil ich nicht unhöflich sein wollte oder weil sie mir Leid taten. Das alles darf nicht reichen. Nicht für Liebe, nicht für alles weitere.

Mein nach der Sache mit Adam selbst auferlegtes Zölibat treibt mich zu neuen Blüten. Wenn nicht andere mich einsperren, wie es in meiner Pubertät geschehen ist, sondern wenn ich mich selbst einweise, weiß ich mit mir selbst viel mehr anzufangen. Wen habe ich denn auch, außer mir selbst. Mit wem soll ich denn den Rest meines Lebens verbringen, wenn nicht mit mir. Gerade, als ich wie eine fleißige Nonne vollkommen aufgehe in Beten und Arbeiten, gelangt der Rest zu absoluter Perfektion. Timothy ist ein Freund eines Freundes einer Frau, mit der ich in einem Theaterstück mitspiele, und es reicht schon wieder so wenig, um so viel in mir auszulösen. Während die Premierenfeier in den dunklen Katakom-

ben des Weberknechts sich mehr und mehr zur Premieren-
orgie entwickelt, sitze ich oben alleine an einem Tisch und
betrachte fasziniert die, wie es beinahe scheint, systematisch
zusammengerotteten Massen weißer Menschen mit Dreads.
Sie überziehen die zwischen dekorativen Marihuanapflanzen
platzierten Stühle wie Fruchtfliegen die Überreste einer Party.
Tragischerweise mag ich keine laute Musik, ich tanze nicht
gerne und bekomme Anflüge von Panikattacken bei so vielen
sich in den Armen liegenden Menschen. Ich bin nicht so, wie
ich immer sein wollte. Stattdessen nur eine einsame Raucherin zwischen Goa-Hörern und Hippies. Timothy mag entweder ebenfalls keine laute Musik oder mich, denn auf einmal
sitzt er neben mir, und seine Hände mit den langen, weißen
Fingern liegen erst neben, dann auf meinen, und wie zwei
erfahrene Tetrisspieler stecken wir immer einen Gesprächs-
fetzen in den nächsten, immer schneller, als würden wir seit
Jahren zusammen spielen, als hätten wir nie etwas Anderes
gemacht. Timothy hat Augen, die einen immer so ansehen, als
würden sie noch mehr wissen wollen. Als würde er sich wirklich für einen interessieren. Wenn ich etwas erzähle, fragt er
fast so genau nach, als würde er sich Notizen machen wollen,
und sein Kopf wippt dabei kaum merklich. Kein Nicken, eher
ein fast unsichtbares Vibrieren der Bestätigung.
Auf einmal sagt er:

– Wusstest du, dass Oktopoden drei Herzen haben? Drei
Herzen und blaues Blut. Wie Weinbergschnecken.

Und die nächsten Stunden küssen wir uns. Diese Zunge an meiner hat vielleicht nur deswegen so eine besänftigende Wirkung auf mich, als wäre ich ein aus einer Maststation befreites Nutztier auf einem Gnadenhof, weil Timothy Psychotherapeut ist. Aber diesen Gedanken versuche ich tunlichst zu vermeiden.

Von unserem Platz aus sehen wir draußen auf der Straße die Sonne aufgehen, den Berufsverkehr beginnen und die Intervalle der U-Bahn sich verkürzen, und wir scherzen, dass wir vielleicht schon seit Jahren hier sitzen, eventuell haben wir es nur nicht bemerkt. In angenehmer Gesellschaft verfliegt die Zeit ja so schnell, nicht wahr?

Bei unserem zweiten Treffen ist bereits das gesamte nach der Premierennacht noch immer von Reue und Pfeffi gebeutelte Ensemble von meiner Verknalltheit informiert. In olympischer Geschwindigkeit ist sie meterweit hochgeschossen, über mich hinaus und nicht mehr zu bändigen, egal, mit welchen Mitteln. Tuschelnd betrachten sie den prachtvollen Mann an meiner Seite, die Goldbrille, die Lederflicken an seinen Ellenbogen. Als er auf der Toilette ist, stürzen sie auf mich zu.

– Lena, wir drücken dir die Daumen, er sieht toll aus, und er wirkt so höflich, ihr passt perfekt zusammen, das wird schon!

– Therapier mich, Daddy!,

denke ich und liege zuhause wach, weil ich an nichts anderes denken kann als an mein Herz, das so überschwappt vor Menschensud und Liebe, schon mein ganzes Leben lang, dass ich für nichts Anderes Zeit oder Energie habe, zwei Ressourcen, die ohnehin schon begrenzt sind, weil ich seit etwa fünfzehn Jahren depressiv bin und mich Menschen, obwohl ich nichts mehr liebe als sie, sowieso jeden Tag bis zum inneren Tod erschöpfen.

Ich wünsche mir, ein Oktopus zu sein, mit drei Mal so viel Platz für Menschen in mir, für viele kleine Weinbergschnecken, denen ich helfen, die ich großziehen kann. Ich möchte noch mehr Menschen gehören können. Mein Eifer ist dann auch das Beil, um die so begeistert wuchernde Hoffnung wieder zu fällen. Timothy ist so einschüchternd in seiner Perfektion, dass ich in seiner Gegenwart keine Luft mehr bekomme.

Ich möchte meine Hand in seine legen, traue mich aber nicht. Ich berühre seine nur kurz hat er das jetzt gemerkt ja er hat es gemerkt er will nicht oh mein Gott er hasst mich er merkt natürlich, wie nervenzerfressend meine hysterische Liebe zu ihm bereits ist, allein ihn anzusehen fühlt sich an, als würde ich in Lava ertrinken. Ich spüre mein Fleisch förmlich von den Knochen schmelzen, atmen, Lena, atmen, oh Gott, wie benehme ich mich denn, er wird mich für irre halten, ich entschuldige mich besser.

– Tut mir leid, sorry, das wollte ich nicht, wenn es dir unangenehm ist.

Oh Gott, jetzt entschuldige ich mich, wie dumm von mir.

– Entschuldigung, haha, ganz schön awkward, sich so oft
zu entschuldigen, oder, sorry, dass ich so awkward bin, tut
mir leid, darf ich dich küssen?

Timothys Blick ist von schierem Unverständnis geprägt. Warum fragst du sowas denn immer, andere Leute machen das
einfach. Wovor hast du nur solche Angst, entspann dich ein
wenig, es ist doch alles gut.

Bei unserem dritten Treffen sagt Timothy mir an einem Fluss,
dass es ihm leid tue, aber seine Zuneigung zu mir sei einfach
nicht so groß, wie umgekehrt, er wisse, wie sich sowas anfüh-
len würde, diesmal sei es nun mal einfach nicht da, er wisse
nicht, woran es liege, das tue ihm sehr leid, wenn er etwas
für mich tun könne, wäre er dazu natürlich gerne bereit, im
Übrigen sei er sich nicht sicher, ob er nicht vielleicht doch
asexuell sei. Dass sich die verdammte, verfickte, verschisse-
ne Arschloch-Wichser-Bullensohn-Geschichte auch ständig
wiederholen muss, denke ich.

Schöne Männer und Flüsse und sie fühlen es einfach nicht
und vielleicht sind sie asexuell. Wenn sie wenigstens wüss-
ten woran es liegt, wenn ich wenigstens Evaluierungsbögen
verteilen könnte, auf dass es beim nächsten Mal dann endlich klappt. Irgendwann hat man das Spiel halt auch durch-

gespielt, die Auswahl möglicher Szenarien ist endlich, und einzelne Bausteine werden nur noch wahllos zu neuen Levels zusammengesetzt, in der Hoffnung, die Person vor dem Bildschirm würde es nicht merken. Ich habe die Liebe durchgespielt, Bitch.

Dann fällt mir ein, dass das hier genau genommen kein Fluss ist, sondern der Donaukanal, und es geht mir ein bisschen besser. Timothy teilt mir noch mit, dass er mich für eine wahnsinnig interessante Persönlichkeit halte und sehr gerne mit mir befreundet sei, wenn das möglich wäre. Wenn ich für jeden Menschen, der mich für eine wahnsinnig interessante Persönlichkeit hält und gerne mit mir befreundet wäre, so das denn möglich ist, einen Ziegel hätte, hätte ich mir schon ein Haus gebaut, um mich und meinen sozialphobischen Arsch darin vor Menschen zu verstecken, die mit mir befreundet, aber nicht zusammen sein wollen. Timothy soll gefälligst eine Nummer ziehen und sich hinten anstellen.

Wir sitzen noch ein paar Stunden auf einem kleinen Betonvorsprung, nicht weit von der U-Bahn-Station entfernt, und sehen dem Wasserspiegel beim Steigen zu, wenn Träne um Träne in den Kanal hineinfällt. Wenn die Leute mich fragen, warum ich so viel Wasser trinke, dann sage ich immer, damit ich besser weinen kann. Niemand kann so gut weinen wie ich, ich habe ja auch Jahrzehnte an Übung. Timothy sagt, er mag solche Schlussmachgespräche, es ist wichtig, einen richtigen Abschluss zu haben:

– Oft sind diese Gespräche noch einmal ein zusätzliches, besonders schönes Kapitel einer Beziehung.

– Ich weiß nicht, ob man das Schlussmachen nennen kann.

– Natürlich,

sagt Timothy.

– Auch kurze menschliche Interaktionen haben ein würdevolles Ende verdient. Der Mensch zerbricht, wenn er keine richtigen Enden bekommt.

Ich nicke, weil ich vor lauter Weinen nicht mehr sprechen kann.

– Aber warum funktioniert es denn nie? Wenn es ein, zwei Mal schmerzhaft enden würde, okay, aber es endet jedes einzelne Mal in einem Massaker. Als würde ich eine Wohnung einrichten wollen, und jedes Mal, wenn ich im Schweiße meines Angesichts ein neues, teures Möbelstück hereingetragen habe, zerfällt es plötzlich zu Staub. Endloser Leerstand. Ich halte diese schiere Menge an emotionalem Scheitern nicht mehr aus. Ich will nicht mehr.

Timothy schnippt einen der Tschickstummel von dem kleinen Haufen, der sich zwischen uns gebildet hat, in den Kanal. An einer Stelle hat sich ein kleiner Strudel gebildet, und der Stummel ist sofort verschwunden.

– Das ist verständlich. Aber wenn der Kontrast zum Glück fehlt, was ist das Glück denn dann noch wert? Es tut mir wirklich leid, dass es nicht geklappt hat, aber bitte versprich mir, dass du es weiterhin versuchst.

Ich fühle mich wie eine abgelehnte Kandidatin beim Vorsprechen am Reinhardt-Seminar, denn bei *GNTM* oder *DSDS* würden sie mich ja sowieso nicht nehmen, weine aber ein bisschen weniger. Timothy umarmt mich zum Abschied, als wäre er eine schwarze Figur in einem Hollywoodfilm, die für einen Moment im Leben des weißen Hauptcharakters auftaucht, handlungsessentielle Lebensratschläge erteilt und dann spurlos wieder verschwindet, um anderen weißen Menschen zu helfen. Magical Therapist. Ein vollkommen neuer cineastischer Archetyp wurde soeben geboren.

– Pass auf dich auf,

sagt er.

Dann ist Timothy auf einmal weg und ich sitze, immer noch in Tränen aufgelöst, in der U4 auf dem Weg zur Probe. Als sich mir etwas aus dem Augenwinkel nähert, pausiere ich kurz davon, mich in Salzwasser aufzulösen, und blicke auf. Die drei Frauen, mit denen ich den Viererplatz teile, haben alle in ihren Handtaschen gewühlt und strecken mir unabhängig voneinander Taschentücher entgegen. Der Gedanke, wie viele Taschentücher es auf der Welt gibt, blitzt kurz in einer

Ecke meines Kopfes auf. Wenn ich wollte, könnte ich den Rest meines Lebens weinen und hätte trotzdem immer genug sich mir entgegenstreckende Taschentücher, um den Donaukanal nicht zum Überlaufen zu bringen. Und das ist ein so beruhigender Gedanke, dass ich aufhöre zu weinen.

Ich rufe bei meinen Eltern zuhause an und erzähle meiner Mutter, was passiert ist. Aus dem Hintergrund vernimmt man das Dröhnen eines Staubsaugers, und meine Mutter schreit:

– Geh' komm', jetzt schalt' den aus, ich versteh' ja gar nix!

Woraufhin das Geräusch abstirbt und sie mir mit sanfter Gewalt in meine Hirnwindungen einmassiert, mich nicht zu kränken, es sei doch nicht so schlimm. Leise höre ich meinen Vater fragen, was los sei.

– Der Lena geht's wieder so schlecht, die hat wieder Liebeskummer.

Mein Vater grummelt mitleidig und meine Mutter gelobt, mir mehrere verschieden Sorten Marmelade mitzubringen, wenn sie das nächste Mal in Wien ist. Ich weiß nicht wieso, aber das hilft.

Ich fahre zu meiner Probe, und dann fahre ich zur nächsten Probe, und dazwischen verschicke ich klagende Nachrichten an Niko und Thomas und meine beste Freundin und dann zur nächsten Vorstellung, und so geht es immer weiter. Ein

Schritt nach dem anderen. Währenddessen höre ich *Hope is a dangerous thing for a woman like me to have* von Lana del Rey in Endlosschleife. Diesem Anlass entsprechend richte ich auch gleich ein Staatsbegräbnis aus, um alle meine Hoffnungen mit ebenso viel Prunk wie Würde in ein bereits ausgehobenes Loch hinunterzulassen und sie zuzudecken mit der These, dass es viel weniger Gründe gibt, sich zu verlieben, als ich früher gedacht habe. Es gibt viel weniger Gründe zu weinen (obwohl man es trotzdem machen kann, wenn man schon so gut darin ist wie ich) und viel weniger Gründe, einsam zu sein, zumindest auf eine schlechte Art. Vielleicht brauche ich eine Pause. Wenn die Wohnung leer steht, habe ich zumindest mehr Platz für mich selbst.

Epilog

*Gepflegte Gründerzeitvilla in ruhiger Lage, großer
Garten, mietfrei*

*Im Allgemeinen habe oder hatte ich oft das Gefühl, ich und
mein Körper würden nicht nur mir gehören. Das Gefühl,
dass alles an mir öffentliches Eigentum ist.
Dass ich es dem Rest der Welt schuldig bin, mich ihm niemals zu verwehren.
Ich möchte allen gehören,
ich möchte ein gläserner Mensch sein, eine Frau, die von
fremden Menschen angesehen wird, in der man liest wie in
einem Buch, das man sich ausgeliehen hat,
die man nicht aufhören kann, zu lesen.
Ich möchte vor niemandem Geheimnisse haben.
Ich möchte allen offen stehen. Ein Haus, in dem sich jederzeit alle zusammenrollen wie träge Schnecken, die mich mit
ihrem Schleim bedecken.*

Ich möchte, dass man in mir blättert, dass man Eselsohren
in meine Seiten macht und mir den Buchrücken bricht, wenn
man mich achtlos aufgeschlagen liegen lässt. Solange es den
anderen nur gut geht damit.
Man soll mein Blut und die Organe schwappen sehen, wenn
ich gehe, all die satten Farben.
Ausweiden soll man mich: Mein privates Eigentum ist in
Wahrheit öffentlich.

Meine Pubertät hat im Alter von achtzehn Jahren begonnen,
als die Grenzen abgerissen wurden und das Gallert mir keinen Halt mehr gab, und seitdem bin ich durch die Herzkam-
mern und über die Schamhügel anderer Menschen gestolpert,
von einem zum anderen, wie die Flipperkugel, die ich war.
Ein Kind im Körper einer Erwachsenen, das im Süßigkeiten-
laden von allem kosten will, das sich ständig überfrisst und
nicht aufhören kann zu kotzen, bis die Augen tränen und nur
noch Magensäure kommt. Aber jetzt habe ich genug gekotzt,
vorerst. Ich habe mich solange in Glitzer gewälzt, bis er meine oberste Hautschicht abgeschält hat, und darunter liegt jetzt
etwas Neues frei, etwas Wundgekratztes, das gerade verheilt.
Eine Erwachsene.

In dem Zimmer mit den vergilbten Gardinen und dem Flipchart treffen sich also die Prinzessin, die am Ende so oft als
Mätresse dasteht, und ihr ehemaliger Hofstaat. Alles, was ich

jemals geliebt habe, alles, was je wichtig war. Es ist totenstill bis auf das Geräusch eines einzelnen trockenen Kekses, der zwischen zwei Backenzähnen zermalmt wird und eine Klimaanlage irgendwo im Hintergrund. Ich denke für einen kurzen Moment, dass das hier vielleicht der Ort ist, an den alle verlorenen Schätze gehen, um Leerstand zu hinterlassen. Meine Wonder-Woman-Unterhose, mein Katholizismus, die Swarovski-Halskette zum achtzehnten Geburtstag, das Bernsteinzimmer und sämtliche Socken, aus sämtlichen Waschmaschinen unserer Welt. Und all diese Menschen.

Und als man mir ins Gesicht sagt, wovor ich all die Jahre Angst hatte, da bedrückt es mich auf einmal nicht mehr. Nacheinander sehe ich allem in die Augen, vor dem ich mich gefürchtet habe, denn nichts ist furchteinflößender als Verlorenes, das man noch ein letztes Mal betrachten darf. Und ich sage:

– Das ist okay.

Und das ist mein Himmel.

Es wäre lustig, wenn es nicht so traurig wäre
Erzählungen von Lena Johanna Hödl

Vom Leben, der Liebe und dem Scheitern an
beidem berichtet die erste Textsammlung der
Poetryslammerin Lena Johanna Hödl. Zwischen
Romanzen und schlechten Trips auf Homepartys
erzählt die Autorin über Sein und Schein in der
modernen Welt, über Körper abseits der Norm
und die Hindernisse, die das Leben stellt, wenn
man auf der Suche nach Liebe ist.

ISBN: 978-3-9504514-6-7

www.achseverlag.com